宇野重規

日本の保守とリベラル

思考の座標軸を立て直す

中公選書

日本の保守とリベラル

目次

日本の保守とリベラル

序章　あいまいな日本の保守とリベラル

なぜ「保守」と「リベラル」なのか

本書は近現代の日本における「保守」と「リベラル」の政治と思想を検討することを目的とする。しかし、そのように言った瞬間に、直ちにいくつかの疑問が投げかけられるだろう。なぜ「保守」と「リベラル」なのか。そもそも「保守」とは何か、「リベラル」とは何か。日本の政治や思想を「保守」と「リベラル」という視角から分析することに意味があるのか。そして、それは可能なのか。これらの問いに対しては、本書全体を通して返答していくしかない。それでもまず、なぜ「保守」と「リベラル」なのかについて、その理由を述べておきたい。

「保守」と「リベラル」は今日、いろいろな場面で、多様な政党や政治家を分類する際の基準として用いられている。「あの人は保守的である」、「今こそリベラル勢力の結集が求められる」といった表現は、新聞やテレビの報道はもちろん、ネットや日々の会話で口にされることも多いだろう。

その意味では、「保守」と「リベラル」という図式は、あたかも自明の存在のように見えるかもしれない。しかし、これらの言葉を少しでも踏み込んで考えるならば、両者の関係はけっして明快なものではないことがわかるはずだ。

「保守（conservative）」が本来、対になるべきなのは、「革新（progressive）」や「急進（radical）」であろう。特定の抽象的理念に基づき、現状を根底から変革しようとする「革新」派や「急進」主義に対して、「保守」はブレーキをかける。現実は複雑である。どれだけ正しいように見える理想であっても、それを直ちに現実にあてはめ、それですべてを割り切ろうとすれば、必ずや無理が生じる。逆に、一見したところ不合理に見える慣習や制度にも、それなりに理由や合理性があることが多い。歴史において長く続いたものであれば、なおさらだ。そうだとすれば、性急な改革や革命ではなく、漸進的な改革の方が望ましい。伝統を尊重しつつ、問題があればそれをその都度、手直ししていけばいい。抽象的な理性よりも歴史的な英知を優先するのが「保守」というわけである。その場合、「保守」と「革新」、もしくは「急進」の違いは、改革や変革に対する態度、あるいは変化に対するスピード感の違いに基づくことになる。

これに対し、「リベラル（liberal）」とは何だろうか。多義的であり、単純に定義することが難しい概念だが、それが個人の自由や権利、多様性や寛容を尊重する立場であることを否定する人はいないはずだ。現代において「リベラル」と言えばまず、エスニシティやジェンダーなどの多様性を擁護し、一人ひとりの自由な生き方を肯定して、これを社会的に包摂していくことを説く人々を想像するのではないか。そうだとすれば、「リベラル」の対抗概念は、「権威主義（authoritarianism）」や「不寛容（intolerance）」などであろう。個人を抑圧する強権的な政治体制や、多様な価値観の存在を認めない宗教的原理主義などが、それにあたる。その意味では、「リベラル」とは個人の自由や社会の多様性を重視する一つの理念であり、それを認めない政治や社会のあり方や価値観などがその対抗相手となる。いわば「リベラル」な理念と、それを否定する「非リベラル」な理念がぶつかることになる。

このように「保守」と「リベラル」は次元の異なる話であり、必ずしも対になるわけでも、二者択一の選択肢になるわけでもない。急進的な改革には批判的だが、個人の自由や寛容の理念がじっくりと発展していくことを願う人もいるだろう。社会の歴史や伝統を尊重する人が、必ずしもジェンダーの平等に反対するわけではない。改革や変革に対する姿勢と、自由や寛容、多様性などの理念への関与は、それぞれ別個に論ずべきである。無理して両者を対にすれば、話が混乱し、いたずらに対立が生まれていくだけである。

アメリカの影響?

にもかかわらず、すでに指摘したように、「保守」と「リベラル」は、しばしばセットとして語られる。それはなぜなのか。想定される一つの答えは、アメリカの影響であろう。

アメリカの二大政党制において、共和党は「保守」、民主党は「リベラル」の政党であるとされる。この両党が対抗するのだから、「保守」と「リベラル」が対の概念になるというわけである。しかしながら、ヨーロッパにおいては、このような区分は必ずしも一般的ではない。イギリスの場合、保守党を「保守」と呼ぶことはともかく、労働党を「リベラル」と呼ぶことはあまりない。フランスの場合も、ド・ゴール派（現在の名称は共和党）が「保守」であるとしても、社会党は左派でこそあれ、「リベラル」ではない。ヨーロッパにおいて多く見られるのはむしろ「右」か「左」かの区分であって、「保守」と「リベラル」ではない。ヨーロッパで「リベラル」というと、中道もしくは右派の新自由主義的な政党をイメージするだろう。

アメリカの政党対立が「保守」と「リベラル」という枠組みで語られることの背景として、アメリカは本質的に自由の国であるという「コンセンサス」の存在があると言われることがある。戦後アメリカの歴史学において有力だった学派にコンセンサス学派がある。この学派の主張によれば、アメリカには建国以来、自由と民主主義についての基本的なコンセンサスがあり、この価値をめぐっての対立は存在しないことになる。

例えば、ルイス・ハーツの『アメリカ自由主義の伝統』によれば[1]、アメリカはその出発において、同時代のヨーロッパで広く見られた国王や貴族の制度を引き継ぐことがなかった。逆に、ヨーロッパにおいて伝統的勢力への対抗から生じた社会主義は、平等の国アメリカの地に深く根を下ろすことがなかった。結果として、国王や貴族が存在せず、社会主義が力を持つこともなかったアメリカにおいて、一人勝ちになったのが「リベラリズム」である。「リベラリズム」だけが、アメリカの正統的なイデオロギーになったというわけである。

ちなみに、一九世紀中盤以降、ヨーロッパにおいては、個人の自由や小さな政府を強調する古典的リベラリズムから、社会正義を実現するために政府の役割を重視する現代的リベラリズムが分岐していく。この分岐はアメリカにおいても生じたが、自由をめぐる基本的な合意を前提に、小さな政府を説くリベラリズムが「保守」、政府のより積極的な役割を重視するリベラリズムが「リベラル」と呼ばれることになった。したがって、アメリカの「保守」はヨーロッパの「保守」とは違い、国王や貴族などの封建的伝統と無縁であるし、アメリカの「リベラル」はヨーロッパの「リベラル」よりも左派的色彩が強い。現代において「保守」と「リベラル」という場合は、このようなアメリカにおける図式を前提にしていることになる。

たしかに現在のアメリカ史学においては、コンセンサス学派が言うほどのコンセンサスが本当に存在したかについて、多くの疑問が提起されている。とはいえ、自由をめぐる基本的な対立がないことを前提に、より古典的なリベラリズムを指す「保守」と、より現代的なリベラリズムを指す狭義の「リベラル」を区別する用語法それ自体は、アメリカにおいて広く共有されていると言えるだろう。

日本への適用？

問題は、このような「保守」と「リベラル」という対立図式を、アメリカ以外に適用することの妥当性である。本書の場合でいえば、近代、さらには現代の日本の政治や思想を理解する上で、「保守」と「リベラル」という枠組みははたして有効なのだろうか。

そもそも、現代の日本において自由をめぐる基本的なコンセンサスが存在するのだろうか。このこと自体が自明でない。そうだとすれば、いたずらにアメリカ的な用語法を持ち込んでも、議論を混乱させるばかりであろう。実際、「自民党は保守政党であるにもかかわらず、小さな政府を志向せず、むしろ公共事業など、政府の積極的な財政支出を擁護しており、保守政党として異端的である」といった議論も散見される。このような発言は、「保守」のアメリカ的スタンダードを無自覚に日本に適用したことによる、混乱した物言いの一例ということになる。

さらに深刻なのは、「保守」と「リベラル」という構図が、社会主義やマルクス主義の排除の上に成り立っていることである。アメリカについてはたしかに、社会主義が深く社会に根を下ろすことがなかったかもしれない。その意味では、社会主義やマルクス主義の不在を前提に、政治の基本的な対立を「保守」と「リベラル」の対抗に見出しても不自然ではなかったと言える。これに対しヨーロッパにおいては、社会主義やマルクス主義が知的世界のみならず、政党政治のレベルでも一定の存在感を持ち続けた。今日でも、共産党こそ後退したものの、社会民主党や労働党などの左派政党が依然として一定の役割を果たしている。結果として、政治的対立軸を論じる場合には、やはり「右」と「左」という分類が用いられ、「リベラル」はどうしても位置づけが難しくなる。

日本についてはどうだろうか。社会主義やマルクス主義が重要な知的・政治的位置を占めたという意味では、近代日本の経験はヨーロッパのそれに近い。本書で触れる多くの「リベラル」な思想家や学者は、多かれ少なかれ、社会主義やマルクス主義の存在を意識していた。その場合、清沢洌のように同時代のマルクス主義者から激しく批判された人物もいれば、丸山眞男のように、マルクス主義との対抗関係において自らの思想や学問を形成した人物もいた。さらに後に触れるように、戦後の日本政治において重要な役割を果たしたのは「革新」勢力であり、その理論的背景に社会主義やマルクス主義が存在したことは言うまでもない。その意味で、社会主義やマルクス主義があたかも不在であったかのように、近現代日本の政治と思想を「保守」と「リベラル」の枠組みで論じることには、大きな偏りがあると言われても仕方ないだろう。

そうだとすれば、「保守」と「リベラル」という対立図式は、日本を分析するにあたってまったく無意味なのだろうか。本書の出発点にあるのは、このような問いである。

たしかに現代日本において、ジェンダー平等を激しく批判し、ナショナリズムを鼓吹する勢力を指して「保守」、人権や平和について抽象的・理想主義的な擁護をする人々を揶揄《やゆ》して「リベラル」という言葉が使われることがある。かくも混乱した言論状況を目の前にして、さらにその混乱に拍車をかけることとは、不毛な試みであろう。しかしながら、本書ではそれでもなお「保守」と「リベラル」という視座において、近現代日本の政治と思想を読み解いてみようと考えている。その理由は以下の通りである。

思考実験として

一つは思考実験としての意義である。言い換えれば、「保守」と「リベラル」という概念を前提に、それに見合うものがはたして近現代の日本に存在するかどうか、このことを真剣に考えてみたいのである。仮に日本にも「保守」と「リベラル」を見出せるとすれば、それはどのような個人や集団によって担われたのか。また、いかなる特質を持ったのか。あるいは逆に、典型的に「保守」と「リベラル」と呼べるものが存在しなかったとすれば、それはなぜなのか。これらの問いに答えることは、比較思想史的な見地からしても興味深いであろう。

本書では、後ほど詳しく検討するように、保守主義とリベラリズムを次のように定義している。まず保守主義とは、「抽象的な理念に基づいて現実を根底から変革するのではなく、むしろ伝統のなかで培われた制度や慣習を重視し、そのような制度や慣習を通じて歴史的に形成された自由を発展させ、秩序ある漸進的改革を目指す思想や政治運動」ということになる。このような定義は、保守主義の祖とされる英国の思想家・政治家であるエドマンド・バークの議論に基づいている。

これに対しリベラリズムは、「他者の恣意的な意志ではなく、自分自身の意志に従うという意味での自由の理念を中核に、寛容や正義の原則を重視し、多様な価値観を持つ諸個人が共に生きるための社会やその制度づくりを目指す思想や政治運動」と定義される。西洋において伝統的な「自由」や「リベラル」の道徳的理念がやがて一つの政治的潮流となり、さらに経済的・社会的な射程を持つに至ったのが、ここでの「リベラリズム」である。

もちろんこのような「保守主義」や「リベラリズム」は西洋的な起源を持つものであり、これを直ちに普遍的なものと見なすわけにはいかない。これらの理念の持つ歴史性や地域性を無視して、あたかも歴史を超えた存在であるかのように論じることは、西洋中心主義の謗《そし》りを免れないだろう。

その一方、あらゆる理念や思想は、それが生まれた歴史的・社会的環境の制約を超えて拡大・浸透することがある。あるいはむしろ、そのようにもともとの環境を打破して発展したもののことを、普遍的な理念や思想と呼ぶのかもしれない。

そうだとすれば、「保守主義」や「リベラリズム」もまた、それが生まれた西洋的な文脈を超えてはじめて普遍性を獲得することになる。近現代の日本は、そのための重要なリトマス試験紙になるだろう。というのも、「保守主義」も「リベラリズム」もたしかに近代日本において受け入れられたものの、それぞれに独特な困難と直面したからである。

「保守主義」にとっての困難とは、明治維新以来の日本がそれまでの幕藩体制のあり方を否定し、これに代わるものとして、西洋から多くの制度や理念を導入して出発したことである。さらに第二次世界大戦に敗北し、占領下において新たな憲法を制定したことである。少なく見ても、近代日本は二度にわたって、政治や経済、社会や文化のあり方の大きな断絶を経験したことになる。結果として、「保守主義」の成立に必要な歴史の基本的な継続性・連続性において、近代日本は大きな問題を抱え込んだのである。

実際、明治においても、第二次世界大戦後においても、「保守」とされる政治勢力は、実はむしろ日々新たな制度や政策の導入に明け暮れたというのが実情だろう。このことは、言葉の本来の意味での「保守」が、日本ではなかなか確立しないことを意味した。もちろん、そのような二つの断絶を超えて継続性・連続性を見出すことも不可能ではないが、それを「保守」の伝統と呼ぶことには困難がどうしてもつきまとうのである。

「リベラリズム」はどうだろうか。なるほど、「自由」の意義を説く政党や政治家、思想家は近現代の日本においてけっして少なくない。明治を見ても「独立自尊」を説いた福沢諭吉がいるし、「自由党」を名乗る政党も存在した。明治維新直後からある時期までの日本において、「自由」という言葉が一世を風靡《ふうび》したことは間違いないだろう。しかしながら、たしかに近代日本において「自由」の思想や理念がいくつかの目覚ましい達成を見たとはいえ、安定したリベラリズムの政治勢力が成立したとは言いがたい。福沢諭吉や石橋湛山、清沢洌などの卓越したリベラリストが存在するものの、思想家の武田清子の言葉を借りれば、日本においてリベラリズムの系譜は「稜線《りょうせん》」のようであった。(2) 言い換えれば、幅広い裾野を社会に持つことはなかった。

第二次大戦後においても、たしかに「自由民主」を党名に掲げる政党が長期政権を実現したが、その場合の「自由」とは何かと言えば、反共という以上の意味を持つことは稀であった。「リベラリズム」をめぐる「コンセンサス」が確立したとも言えない。

このような困難にもかかわらず、本書では明治憲法体制の確立者であると同時に、自ら政党を組織した伊藤博文から始まる系譜を、陸奥宗光、原敬、西園寺公望、牧野伸顕へとたどり、戦後もその流れを汲む吉田茂の「保守本流」に着目している。その意味では、きわめて微弱とはいえ、近現代日本において一定の「保守」を見出せるというのが、本書の仮説となる。

「リベラル」についても、福沢諭吉から石橋湛山、清沢洌、さらに戦後においても丸山眞男らにおいて、日本における「リベラリズム」の重要な達成が見てとれる。仮にそれが「稜線」であったとしても、現代日本にとっても大きな意義を持つ歴史的蓄積をそこに見出すことができる。このことを本書は強調していきたいと思う。

ある意味で、政治家ばかりがいて思想家に乏しい「保守」に対し、傑出した思想家はいても政治勢力としては弱い「リベラル」ということになり、そこに非対称を見出すことも可能である。とはいえ、それ自体が近代、あるいは今日の日本の実情であり、そのことを踏まえて今後の議論を進めるしかないだろう。

以上のような仮説がどれほどの説得力を持つにせよ、一つの思考実験として「保守」と「リベラル」という視角から振り返ることは、近現代日本の政治と思想を、よりダイナミックに理解するきっかけになるはずだ。

未完の理念として

もう一つの意義は、未完の理念としての「保守」と「リベラル」について考えてみることにある。すなわち、近現代の日本の政治と思想において、「保守」と「リベラル」を定義通りに見出すことは難しいとしても、これから実現していくべき「未完のプロジェクト」として捉えることは、なお可能ではないか。本書ではそのような可能性を探ってみたい。

すでに指摘したように、「保守」において前提とされるのは伝統の継続性・連続性である。時々の変化や動揺はあるとしても、それを超えて持続する安定的な政治制度や社会の基本的価値が存在し、その存在に基づいて日々の判断がなされる。そして、そのような判断の蓄積が新たな伝統の一部となり、伝統を日々に更新していく。このような伝統の継続性・連続性こそが「保守」にとってもっとも大切であるとすれば、近現代の日本は、はたして安定的な保守の伝統を持つことができたのだろうか。つねに参照されるべき政治制度や社会の基本的価値があったのだろうか。このことを考えるとき、私たちはどうしても不安な思いを抱かざるをえない。

例えば政治思想史家の丸山眞男は次のように述べている。

> 日本に保守主義が知的および政治的伝統としてほとんど根付かなかったことが、一方進歩「イズム」の風靡に比して進歩勢力の弱さ、他方保守主義なき「保守」勢力の根強さという逆説を生む一因をなしている。[3]（強調は原文）

しばしば保守主義のライヴァルである進歩主義の代表的知識人とされる丸山であるが、彼の問題意識に立てば、むしろ確固とした保守主義が存在しないことが近現代日本の最大の問題であった。

「保守」を名乗る人は多くても、真に保守主義と呼ぶべき伝統が存在しないことが、それを批判して乗り越えようとする勢力の弱さにもつながっている。丸山の見るところでは、必要なのは思考の座標軸ともなる確固とした伝統、あるいは「正統」の確立であった。

私たちは今こそ、自らの政治社会の拠って立つ根本原則、日々の行動や判断の基準となるべき共有された価値観を再確認すべきではなかろうか。本書であえて「保守」という視座を立てて、近現代の日本の政治と思想を振り返る意図はそこにある。

他方、「リベラル」にとって一つの試金石となるのは、社会における多様な考え方や価値観の存在を認め、それを包摂できるかどうかである。しかしながら、本書で明治の「リベラリスト」として検討する福沢諭吉は、日本社会の病として「権力の偏重」をあげている。たしかに日本社会の歴史を振り返れば、権力者の交代は見られた。豊臣秀吉のように、社会の低層から権力の頂点にのし上がる人物も存在した。とはいえ、権力者が入れ替わることはあっても、権力が権力として存在し、自らの意に染まない存在を抑圧するということには変わりがなかった。逆にどれだけ不当であれ、上からの命令であればそれに屈する従属の精神が、社会のあらゆる関係に浸透していた。このような「権力の偏重」をめぐる福沢の批判は、はたして過去のものになったと言えるだろうか。多様な考え方や価値観は、そのような「権力の偏重」のくびきを脱することができたのか。

日本は多神教の国であるがゆえに、一神教の国に見られるような宗教的迫害や弾圧はなかったという発言を耳にすることがある。しかしながら、それは本当か。近世におけるキリシタンに対する凄まじい迫害や、明治の「近代国家」における新興宗教の弾圧、さらには南方熊楠《みなかたくまぐす》が批判した神社の強制的な合祀など、このような説明に反する事例はいくらでもあげられる。日本社会における「調和」的精神が語られることがあるが、逆に言えば、その「調和」に反するものに対する激しい不寛容の精神が存在することを意味する。寛容という言葉が真に日本社会において定着しているかについては、あらためて検討する必要があるだろう。

その意味では、日本社会において今こそ、「リベラリズム」が求められているのではないか。本書において後ほど論じるように、「自由」は「好き勝手」や「わがまま」とは別であるし、「リベラリズム」とは単なる個人の自由や、まして利己主義を意味するものではない。むしろ社会における多様な存在を認め、それを守るための各個人の責任を強調するものこそが「リベラリズム」である。「保守」と「リベラル」は直ちに対立するものではない。むしろ日本において必要なのは、社会の行動や判断の基礎となる「保守」の確認であるし、多様な個人の生を受け入れる「リベラル」の確立である。両者は同時に追求することが可能であるし、追求されてしかるべきである。本書は、自らが社会を担っているという自負と責任感を持った「保守」と、多様な価値観を表明し、受け入れるだけの気概と道理を持った「リベラル」の確立を目指して執筆された。

冷戦終焉後の日本の変化

社会主義とマルクス主義との関係についても、一言しておきたい。すでに指摘したように、近現代日本の政治と思想において、社会主義とマルクス主義の存在はけっして小さなものではなかった。その知的・政治的影響が二〇世紀終盤まで続いたという意味で、日本はアメリカよりむしろヨーロッパに近いと言える。しかしながら、冷戦終焉以降、そのような状況は大きく変化しつつある。とくに国会に議席を持つ政党レベルでは、「社会」を党名に掲げる政党が急速に減少している。社民党こそ存続しているものの、日本における社会主義政党の後退は明らかである。これを市野川容孝が指摘するように、冷戦崩壊以降の日本における「社会」の政治的忘却と呼ぶことも可能だろう(4)。今日なお社会民主党や労働党などが健在であり、「社会」の理念が一定の影響力を保持しているヨーロッパと比べるならば、日本の状況はそれとはだいぶ異なったものとなっている。

ある意味で、日本において「保守」と「リベラル」という対立図式が人口に膾炙《かいしゃ》するようになったのは、このような状況においてであった。後ほど検討するように、冷戦終焉後、それまで「革新」と呼ばれた政治勢力の一部は、「リベラル」を名乗るようになる。それ以前から保守政党内で「リベラル」と呼ばれた勢力もあったが(これを以後、「保守リベラル」と表現する)、両者が新たな「リベラル」に合流することで、一九九〇年代以降、「リベラル」は一定の存在感を示すことになった。結果として、「保守」と「リベラル」という図式も広く流通することになる。ある意味で、日本の政治の座標軸が急速にアメリカのそれに近づくことになったのである。

これは皮肉に見れば、かつての看板だけを替えたものであり、今もなお本質的には「右(保守)」と「左(革新)」の対抗図式が持続していると捉えることも可能だろう。とはいえ、現在、とくに若年層において、「右（保守）」と「左（革新）」の理解が、それより上の世代と比べて大きく変わってきているという報告もある。(5)冷戦下における対立構造が遠いものになった世代にとって、憲法改正に反対する政治勢力が「保守」で、さまざまな新自由主義的改革を志向する政治勢力が「革新」であってもおかしくない。

「右」と「左」で政治を見る枠組みは、急速にその自明性を失いつつある。そうだとすれば、今日「保守」と「リベラル」という対立の見取り図が浮上しつつあることは、政治に有効な対立の構造を見出そうとする一つの試みとして理解できるのかもしれない。あえて「保守」と「リベラル」という枠組みによって近現代日本の政治と思想を読み解くことで、このような日本の現在のイデオロギー状況について、何らかの光をあてたい。このこともまた、本書の一つのねらいとなる。

本書の構成

以下、まずは近現代の日本において、本当に「保守」と「リベラル」が存在したかを検討する。欧米の政治思想史も参照しつつ、「保守（保守主義）」と「リベラル（リベラリズム）」についての一定の定義を示した後、それに見合うような存在が本当に日本に存在したかを歴史的に検証する。続いて、日本の「保守」と「リベラル」を考える上での三人のキーパーソンとして、福沢諭吉、福田《ふくだ》恆存《つねあり》、丸山眞男を取り上げたい。福沢は言うまでもなく、日本における「リベラル」の源流に位置する思想家であり、その後の影響もきわめて大きい。福田と丸山はしばしば、戦後日本における

「保守」と「リベラル」の代表的論者と見なされたが、その知的営為は今日なお重要である。

後半では、一九七〇年代における二つの大きな転換を取り上げてみたい。一つは、成熟社会論の始まりとしての一九七五年であり、もう一つが戦後保守主義の転換点としての一九七九年である。この二つの年に焦点を合わせることで、ポスト高度経済期へと向かう日本に起きた知の変容を探る。日本社会は高度経済成長を経て大きく変容していった。長らく保守の地盤となった農村部・漁村部から都市部へと人口が移動するとともに、環境問題や社会福祉問題など新たな問題に注目が集まり、日本人の価値観もまた変わっていく。このような問題意識は、世界的に見ても成熟社会論や非物質主義的価値観をめぐる議論として現れたが、日本においてはどのような形を取ったか。このことが日本の政治や思想、とくに保守主義に与えた影響について検討してみたい。

本書ではとくに、三木武夫首相のブレインとしても活躍した経済学者の村上泰亮《むらかみやすすけ》、さらに大平正芳首相の研究会に集まった香山健一《こうやまけんいち》、佐藤誠三郎、公文俊平《くもんしゅんぺい》らの知識人を素材として考察する。そこに見られた経済成長に代わる日本の新たな国家目標の模索や、新たな政策構想の試みは、現在に至る「保守」と「リベラル」の対立図式にも、大きな影響を与えていることが示されるであろう。

最後に一九九〇年代から二一世紀にかけての日本の「保守」と「リベラル」の現状を論じて、本書の締めくくりとしたい。

(1) ルイス・ハーツ『アメリカ自由主義の伝統』有賀貞訳、講談社学術文庫、一九九四年。

（2）武田清子『日本リベラリズムの稜線』岩波書店、一九八七年。
（3）『丸山眞男集』第七巻、岩波書店、一九九六年、八六頁。
（4）市野川容孝『社会』岩波書店、二〇〇六年、二三―二八頁。
（5）遠藤晶久、ウィリー・ジョウ『イデオロギーと日本政治――世代で異なる「保守」と「革新」』新泉社、二〇一九年。

第一章　日本の保守主義

1　日本に保守主義は存在するのか

保守主義とは何か

第一章では、日本における保守主義を検討する。それでは、保守主義とは何であろうか。二一世紀の今日、保守主義を論じることにどれだけの意味があるのだろうか。

なるほど、言葉としての「保守」や「保守主義」を目にしたり、耳にしたりする機会は少なくない。政治家に限らず、自らを「保守」と自認する人も多い。とはいえ、それでは「保守」とは何かとなると、実はかなり怪しい。結局のところ「保守」といっても、「自分はリベラル（あるいは「左翼」）ではない」という、消極的な意味合いしか持たないのかもしれない。はたして、「保守」もしくは「保守主義」について、共通の理解や定義のようなものがあるのだろうか。それとも、ただ、それぞれの人が好きなように使っているだけの言葉なのだろうか。

保守主義にとって、しばしばキーワードになる言葉に「伝統」や「権威」がある。過去から受け継がれてきた何か、強制されなくても自ずとそれに従ってしまう何か。こういったものが人間の精神には重要なのだと、昔から保守主義者たちは主張してきた。ところが今日、その「伝統」や「権威」がどこにあるのか、わからなくなりつつある。「わが国の伝統」といっても、具体的に何をイメージするかは、そのひと次第だろう。本来、「伝統」といい、「権威」といい、人々に共有されてこそ、意味を持つ。みんなが「伝統」と言うから「伝統」であり、みんなが「権威」と認めるから「権威」となる。「伝統」も「権威」もひと次第であるなら、それらはそもそも「伝統」でも「権威」でもないのかもしれない。

実際、本屋に行って「保守主義」、あるいは「保守」という言葉をタイトルに持つ本を探してみるといい。まずはそのような本の多さに驚き、次に、そこで「保守」すべきとされている「伝統」や「権威」の内容の多様さに驚くだろう。現代とは、誰もが自由に「伝統」や「権威」を捉え、結果として、誰もが保守主義者になりうる時代なのである。

その意味でも、保守主義の原点に遡る必要があるだろう。保守主義の祖とされるのは、英国の政治家にして思想家である、エドマンド・バーク（一七二九―九七）である。バークはアイルランドに生まれ、グレート・ブリテン王国の下院議員として活躍した。生粋の議会人であり、ホイッグ党（のちの自由党）の政治家として、当時の英国王であり、専制の色を濃くしつつあったジョージ三世との衝突をあえて辞さなかった人物である。

アメリカ独立問題にあっては植民地の側に立って独立を容認し、アイルランドでは差別されたカトリックの権利擁護に努めた。さらには植民地インドにおける東インド会社の不正を糾弾するなど、一貫して自由の闘士であったバークが、その晩年に遭遇したのがフランス革命であった。

多くの人は、バークがフランス革命を支持すると予想した。実際、革命当初の英国世論は隣国の革命に好意的であり、その精神にならって英国でも改革を進めるべきであるという声が高まった。ところが意外にも、バークはこの革命を激しく批判したのである。革命直後の一七九〇年に早くも『フランス革命の省察』(1)を公刊したバークは、以後、もっぱら反革命の闘士として語られるようになる。

自由の闘士であったバークは、なぜ反革命の闘士になったのだろうか。間違いないのは、彼が抽象的な政治理念に基づく急進的な改革に批判的であったことである。バークはたしかに国王すらも批判したが、それは国王自らが、王国の基本的な自由の原則を破ったためである。

バークにとって、名誉革命によって打ち立てられた政治体制こそが、真の英国国制（British Constitution）であった。オランダから迎えたウィリアム三世とその妻メアリー二世が即位し、「権利の章典」を発布したこの革命によって実現したのは、まさに自由の体制であり、これを守り発展させることが、政治家バークにとっての政治信条となった。

英国国制は人々の自由を守るため、時間をかけ、世代を超えた多くの人々の努力と工夫によって培われてきたものである。一朝一夕に成った政治制度ではない以上、隣国の革命に事寄せて、安易に全面的な改造を試みるべきではない。自由の闘士であるバークは、そう信じるがゆえにむしろ、反革命の側に立ったのである。

革命とは、いわばすべてを更地にして、その上に理想的な政治制度を、一から作り直そうとする試みである。とはいえ、そのような急ごしらえの建物が堅固なものになるはずがない。むしろ、もともとあった美点すら失い、やがてすべてが崩壊してしまうだろう。そのようなバークの予言は、ジャコバン派の恐怖政治とナポレオンの独裁によって実現することになる。

バークに従うならば、保守主義は以下の特質を持つ。

第一に、バークが保守主義という場合、念頭にあるのはまず政治制度をはじめとする、社会のさまざまな制度であった。この場合の制度とは、必ずしも法によって明示されているとは限らず、慣習や暗黙のルールのようなものも含まれる。とはいえ、人々の間で実効的かつ安定的に作用していることが重要で、抽象的な理念やイメージはそこから排除された。あくまで具体的な制度の体系を守ることが保守主義の主眼であった。

第二に、そのような制度は歴史的に形成され、世代を超えて維持・継承されてきたものである。すなわち、バークが守ろうとした英国国制とは、あたかも伝統的な建物のように、いろいろな人がそこに暮らし、手入れをすることで培われてきた。もちろん、それぞれの時代の人間は、自分たちにとって住みやすいように改良を行う。その意味で、ただ古いままを保持したわけではけっしてない。とはいえ、建物の基本構造は維持される必要があり、それが失われれば、保守は保守でなくなる。

第三に、バークが英国国制を守ろうとしたのは、ただそれが古いからではない。より重要だったのは、人々の自由を守ることであった。そのようなバークの最大の関心事は、権力の専制化をいかに防ぎ、歴史的に人々に認められた権利をどのように守るかに向かった。鍵は、権力の抑制均衡（チェック・アンド・バランス）を可能にするための仕組みにある。自由のための制度構想こそが、バークの保守主義にとってきわめて重要であった。

最後に、バークの保守主義の裏側のテーマは民主主義への対応にあった。バーク自身、けっして有力な貴族の家系に生まれたわけではない。それどころか、当時、隷属的な立場にあったアイルランドの出身であり、活躍したのも下院、すなわち庶民院であって、貴族院ではなかった。彼はけっして古い身分制をよしとしたわけではない。

その意味で、単に過去に価値を見出す思考がすべて保守主義と呼ばれるべきではない。まして知識社会学者のカール・マンハイム（一八九三―一九四七）がいう、変化一般に対する嫌悪や反発としての「伝統主義」とは明確に区別されなければならない。(2) 保守主義とはあくまで自由という価値を追求するものであり、民主主義を完全に否定する反動や復古主義とは異なる。保守主義は高度に自覚的な近代的思想であった。

そうだとすれば、早くに保守すべき自由の体制を確立した英米の両国で、保守主義が先行して確立したのは不思議でない。バークの眼前には名誉革命によって打ち立てられた英国国制があり、アメリカには王制や貴族制の過去がなく、むしろ自由主義を建国の思想とする独自の出発点があった。

これに対し、伝統的な政治体制が長く存続し、むしろその打倒が政治的近代化の課題となった国々――世界史のなかでは、こちらが一般的であり、むしろ英米の方が例外的かもしれない――では、伝統を否認する政治的急進主義と、それに反発する勢力とが衝突し、自由な秩序の確立に向けて漸進的改革を主張する保守主義が確立する余地は小さかったといえる。

丸山眞男の保守主義論

それでは、日本はどうだろうか。日本の政治的近代化の起点を明治維新に求めるか、あるいは第二次世界大戦の戦後改革に求めるかはともかく、それ以前の政治体制との明確な断絶によって近代化が推し進められた点は共通している。その意味では、政治的急進派とそれに批判的な勢力は存在しても、保守主義の確立には難しい政治的土壌であったと言えるだろう。とはいえ、はたして日本に保守主義が存在しないと言い切れるか。日本の保守主義についてのいくつかの見解を見ておきたい。

第一に検討すべきは政治学者の丸山眞男（一九一四―九六）の保守主義論である。丸山といえば、しばしば戦後日本を代表する「近代主義的知識人」とされ、日本の過去や伝統をもっぱら克服すべき対象として捉えた理論家として語られることが多い。しかしながら、丸山の思考ははるかに複雑である。実際、彼の議論を細かく検討するならば、むしろ保守主義、あるいは「健全な保守主義」とでも呼ぶべきものの欠如を嘆くかのような発言が目立つ。

丸山は一九五七年の論文「反動の概念」で、次のように述べている。「日本に保守主義が知的および政治的伝統としてほとんど根付かなかったことが、一方進歩「イズム」の風靡に比して進歩勢力の弱さ、他方保守主義なき「保守」勢力の根強さという逆説を生む一因をなしている」(3)（強調は原文）。

きわめてアイロニカルな表現であるが、言わんとするところは明確だろう。丸山の見るところ、日本では、知的にも政治的にも保守主義が明確に定着することはなかった。すなわち、現行の政治体制を自覚的に保守しようとする勢力はついに現れなかったのである。代わりに目立ったのは、漠然と進歩を信じるか、さもなければ、ズルズルと現状維持を好む態度であった（両者は同一の人物のなかで並存することもありえる）。結果として、明確に政治的革新を目指す勢力はつねに少数で、目立ったのは思想なき保守勢力であった。

丸山はある意味で、信念を持った保守主義を望んでいたとさえ言えるかもしれない。尊重すべき原理を掲げ、現行の政治体制を自覚的に保守する勢力があるならば、それとの対決を通じて、革新を目指す側も自らの思想と実践を鍛え上げることができる。逆にまた、保守主義の側も、その自覚がより深いものになるであろう。これに対し、明確な保守主義が存在せず、何となくの進歩志向となし崩しの現状維持が横行するとき、すべては「ズルズルベッタリ」となり、思想的な緊張関係は不在となる。

丸山は『日本の思想』（一九六一年）のなかで、日本の思想における「座標軸」の欠如を指摘している。あるいはそこに、保守主義の不在という関心とも通底する問題意識を見出せるだろう。

あらゆる時代の観念や思想に否応なく相互連関を与え、すべての思想的立場がそれとの関連で——否定を通じてでも——自己を歴史的に位置づけるような中核あるいは座標軸に当る思想的伝統はわが国には形成されなかった。(4)(強調は原文)

新しい流行の摂取に熱心な日本の伝統は、次から次へと外来の思想や制度を輸入したものの、それらは蓄積されることも、あるいは相互に関連づけられることもなく、いつしか「忘却」されていった。仏教や儒学に始まり、キリスト教やマルクス主義に至るまで、あらゆる思想は構造化されることがないままに受容されていった。それらはいつのまにか意識の底に押しやられ、逆にあるとき突発的に「思い出される」。日本の思想とは、その連続であったというのである。

なし崩しの変化はあっても、自覚的な保守主義はついに形成されることはなかった。このような丸山の判断は正しかったのか。さらに他の人物の保守主義論を見てみたい。

福田恆存の保守主義論

次に丸山とは対照的に、戦後日本を代表する「保守主義的知識人」としてしばしば語られる英文学者・文芸評論家の福田恆存（一九一二—九四）の議論を検討してみたい。

とはいえ、実を言うと、福田は自分を「保守主義者」とは考えていない。福田は「私の保守主義観」の冒頭で次のように言う。「私の生き方ないし考へ方の根本は保守的であるが、自分を保守主義者とは考へない」[5]。

これはどういうことか。福田によれば、保守とはまず態度の問題であって、イデオロギーの問題ではない。そもそもイデオロギーとして先行したのは革新主義である。現状に強い不満を持つ人間が、一定の世界観に基づいて変革を主張する。このような革新主義に対し、反発を覚える自己を認識したものが保守派となる。すなわち、保守は必ず革新に遅れて登場するのである。

保守派はイデオロギーを必要としない。自らの生活感情に根ざして必要な改革を行えばいいのであり、むしろ「保守主義」なる大義名分をかざして自らを正当化しようとすれば「反動」となってしまう。英文学者である福田は、しばしばT・S・エリオット（一八八八―一九六五）を参照して「文化」とは生き方であると論じたが、保守とは過去を尊重する一つの生き方であり、理屈を振りかざして相手を説得する必要はないと説いたのである。

このような信念に基づき、革新主義や進歩主義を批判し続けた福田であるが、かといって、日本における文化の連続性について、けっして楽観していたわけではない。

日本人のばあひ、中世と近世とは、近世と近代とは、それぞれの時代に、全体的観念の書きかへを要求されてきた。それどころか、戦前と戦後とでも、書きかへが必要とされたのであります。そんなところに、伝統や歴史の観念が生じるわけがありません。[6]

日本の歴史を特徴づけるのは断絶であり、その都度、歴史は根本的に書き換えられてきた。このように断じる福田は、むしろ日本における伝統の不在を嘆いたのである。

福田が日本と対照するのは、ヨーロッパである。宗教改革やルネサンスからヨーロッパの近代が始まったとしばしば言われるが、その両者も単純な過去からの断絶ではなく、中世以来の漸進的な変化の帰結であった。ヨーロッパに特徴的なのは統一性であり、キリスト教を中核にその一貫性は近代にまで続く。これに対し、日本における過去を振り返れば、端的にそこには歴史性が欠けていた。日本の近代で否定すべき神はなく、明治維新で天皇制が持ち出されたのも、ある意味でその空虚さを埋めるものでしかなかったと福田は言う。

福田に言わせれば、進歩主義の自己欺瞞《ぎまん》は、そのような断絶を正面から認めなかったことにある。

戦前から戦後への転換には連続はない。連続がない以上、それは進歩ではない。進歩主義の立場からは、それを革命と呼びたいであらう。が、事実は征服があつただけだ。征服を革命とすりかへ、そこに進歩を認めたことに、進歩主義者の独りよがりと甘さがある。(7)

戦後改革は占領軍による「征服」であったが、それを直視しなかったことにこそ進歩主義の誤りがあったというのである。

福田はさらに、進歩主義にとって、「征服による切断を乗り越えて、なんとか連続を見出し、その懸け橋を造ること、言ひかへれば、征服による疑似革命を進歩の中に吸収せしめること、それが一番大事な仕事ではなかつたか」[8]と指摘する。福田の見るところ、戦後の進歩主義はそのような仕事を引き受けるどころか、むしろ反動的であるとして退けてしまったのである。

とはいえ、このような福田の議論には、実は丸山の保守主義論と通じるものがある。両者はともに、日本の歴史を貫く思想的・政治的連続性の欠如に着目し、結局のところ、明確な伝統が形成されなかったとする点で一致しているからである。その限りで言えば、しばしば対照的に捉えられる二人の人物は、実は同じコインの表裏の関係にあったのかもしれない。

丸山が日本における連続性の欠如を前提に、あえて「虚妄」の戦後民主主義に賭けたとすれば、福田はこれを否認し、むしろ江戸時代以来の民衆の生き方を評価した。人間は過去なしに生きられないと考える福田は、あくまで「態度」としての保守を擁護したのである。

「正統と異端」

ところで、このような保守主義論と密接に関連して「正統(orthodoxy)」という論点がある。英国の保守主義を代表する著作に、G・K・チェスタトン(一八七四—一九三六)の『正統とは何か』(一九〇九年)がある。[9]チェスタトンにとって正統とは、自らを理性的であるとする人間の驕《おご》りを批判するためのキリスト教的な超越性の信仰を意味した。人間が自らを絶対視しないためにも、現世を超えた視点が必要である。チェスタトンにとって、「正統性」とは、そのような視点を与えてくれるものであった。ヨーロッパ社会のなかでキリスト教は、それに対する批判を含め、「正統性」の機軸となったのである。

逆に言えば、ヨーロッパの思想は、「正統」と「異端」との対決の歴史であった。人間の原罪と三位一体の思想を中核に正統的教義を確立したキリスト教には、逆説的ではあるが、繰り返し異端的な教義や実践が登場した。明確な「正統」があるからこそ、それに挑戦する「異端」も生まれる。両者の対抗関係が、キリスト教思想のダイナミズムを生み出したのである。そのような伝統は、「神の死」を説いたニーチェなど、近現代の思想にまで続いている。

これに対し、はたして日本の思想に「正統」はあるのか。この問題に独特なこだわりを示し続けたのが、やはり丸山眞男である。丸山は一九五〇年代の後半、筑摩書房の『近代日本思想史講座』のなかで、「正統と異端」という巻を構想し、自らそれを担う企画を立てている。そのための研究会を断続的に行い、以後、三〇年近くにわたって検討が続いたという。丸山のねらいは、近代日本における「正統」を天皇制国家に見出し、自由民権運動やマルクス主義をそれに対抗する「異端」として描き出すことにあった。ところが、結局、本は未刊行に終わった。なぜこの企画は実現しなかったのだろうか。

そもそも「正統と異端」という視点が西欧のキリスト教社会を前提としたものであり、日本にうまく適用できないこと、さらに日本語では、'orthodoxy'と'legitimacy'がともに「正統性」と翻訳され、両者の概念的区別が難しいことなど、いくつかの理由があげられるだろう（丸山はこれを「O正統」と「L正統」と呼んで区別している）。とはいえ、残された資料などを見ると、興味深い指摘がいくつか残されている。

例えば丸山は次のような発言をしている。「日本の自由というものの中のオーソドキシー——そこが西洋の自由と非常に違うところですね。コンスティチューショナリズムというものに媒介されない（中略）。だから機構というものとの対決がない（中略）。フレームがないことが、制度がないことが、自由であるという捉え方……」[10]。

本書でもすでに論じたように、バーク的な保守主義があくまで具体的な制度を通じて自由を保持しようとしたとすれば、日本では、自由への主張が具体的な制度や機構と関連づけて論じられず、結果として立憲主義とも結びつかなかったというのが、丸山の診断である。

制度が制度として確立せず、つねに状況化する。このような事態は、戦後においてさらに悪化したと丸山は指摘する。「やはり日本国憲法が定着しないということは——定着しないというのは権力の側のことで、国民の間には定着しているのだけれども——つまり制度が制度としてしっかりしない、制度が状況化している……（中略）それが戦後の非常な特色なんじゃないかと思っているんです」[11]。

このような丸山の分析が正しいとすれば、日本の思想に「正統」はなく、とくに戦後社会では制度が制度として確立せず、むしろすべてが状況化していることになる。そうだとすれば、日本におよそ保守主義は成り立たないようにも思われる。

しかしながら、丸山にせよ、福田にせよ、そのように論じつつも、戦前と戦後の間の思想と政治における「断絶」を克服し、そこに何らかの連続性を見出したい、あるいは見出すべきだという主張を潜在的に共有している。この点では、丸山については、後に触れる「重臣リベラリズム」論が重要であるし、福田については、「切断を乗り越えて、なんとか連続を見出し、その懸け橋を造ること、言ひかへれば、征服による疑似革命を進歩の中に吸収せしめること」という指摘がきわめて示唆的である。

そこで次節以降、近・現代の日本の保守主義について、あえて一つの理論的見取り図を提示しようと思う。それを通じて、日本においても保守主義が存在したと主張することが、そのねらいとなる。

(1)『フランス革命の省察』の邦訳は、半沢孝麿訳(みすず書房、新装版、一九九七年)、中野好之訳(岩波文庫、二〇〇〇年)、二木麻理訳(光文社古典新訳文庫、二〇二〇年)などがある。
(2) カール・マンハイム『保守主義的思考』森博訳、ちくま学芸文庫、一九九七年。
(3)『丸山眞男集』第七巻、岩波書店、一九九六年、八六頁。
(4) 丸山眞男『日本の思想』岩波新書、一九六一年、五頁。
(5) 福田恆存「私の保守主義観」浜崎洋介編『保守とは何か』文春学藝ライブラリー、二〇一三年、一八〇頁。
(6) 福田恆存「絶対者の役割」浜崎洋介編『保守とは何か』文春学藝ライブラリー、二〇一三年、一七四頁。

（7）福田恆存「進歩主義の自己欺瞞」『福田恆存全集』第五巻、文藝春秋、一九八七年、一七四頁。
（8）同右。
（9）G・K・チェスタトン『正統とは何か』安西徹雄訳、春秋社、二〇一九年。
（10）藤田省三『異端論断章』（藤田省三著作集10）、みすず書房、一九九七年、一二八頁。
（11）同右、一三三頁。

2　近代日本の保守主義

草創期――明治二〇年前後

まずは近代日本の歴史における保守主義について考えてみたい。実は、名称一つをとってみても、日本における保守主義の存在はけっして自明でない。代表的な保守主義の思想家といってもなかなか名前はあがらないし、政党の名前にしても、「保守党」という政党がほとんど存在しなかったことが何かを示唆しているだろう。

社会主義政党は別にしても、戦前の政党名で目立つのはむしろ、「自由」「立憲」「憲政」「進歩」「革新」などであった。英国で一八三〇年代にすでに、トーリー党が保守党と呼ばれるようになっていたのとは対照的である。

とはいえ、政治思想史家の橋川文三（一九二二―八三）によれば、近代日本に保守主義がまったく存在しなかったわけではない。橋川は、日本の保守主義の出発点を明治二〇（一八八七）年前後に見出す。[1] その背景には、明治維新から時間がたち、変化に対する単なる反発を超えた、一定の反省的な意識の担い手たちが登場したことがある。一八八九年の明治憲法の制定は、維新以来の進歩と改革が一つの体制として確立したことを意味するのであり、このような体制を前提に、意識的な保守主義の思想が生まれてきたのは、けっして偶然ではない。少なくともバーク的な意味で保守主義を捉えるならば、元田永孚《もとだながざね》や西村茂樹といった幕末から知られていた知識人ではなく、明治二〇年前後に活躍を始めた世代に着目すべきであると橋川はいう。

橋川が明治における自覚的な保守主義の嚆矢《こうし》としてあげるのが、長州出身の軍人であり、政治家であった鳥尾小弥太（得庵、一八四八―一九〇五）である。鳥尾は「保守」という言葉を自らの政治的立場を示すものとして明確に用いた最初の人物であり、憲法公布に向けて、その前年である一八八八（明治二一）年に、「保守党中正派立党大意」という文章を発表している。

鳥尾はこの宣言のなかで次のようにいう。

保守とは守成《しゅせい》を主とし、結果を受用するを目的とす。今此義を明かならしめん為に、之が反対を示すべし。我反対説を改進、急進等となす。此改進、急進論者は結果を棄《す》て、彼が想像を目的とし、国家を改造せんと欲する者なり。此国家改造の説は、其底止《ていし》する処を知らず（底止すれば改進にあらず、変じて保守となる）。[2]〔引用者注：旧漢字を現行の字体とし、適宜読点を加えた〕

さらに鳥尾は「保守は、破る丶ことを嫌ふ。必ずしも変ずることを嫌はず。されど変ずべからざるものを、変ずる時は破るなり(3)」という言葉も残している。保守主義を急進主義と対比する一方で、必ずしも変化を否定しないことを説いているという意味で、保守主義の主旨をよく捉えた表現である。

とはいえ、奇兵隊出身の鳥尾は、山県有朋ら陸軍主流派によって追われ、大きな政治的影響力を持つことはなかった。保守党中正派にしても、貴族院を中心とする雑多な勢力の寄せ集めに過ぎなかった。結果として、保守主義として一つの有力な潮流を形成するには至らなかったのである。

ちなみに橋川はさらに、鳥尾の「保守党中正派立党大意」と同じ年に、三宅雪嶺《せつれい》、志賀重昂《しげたか》、杉浦重剛《しげたけ》らが政教社を結成し、その機関誌として雑誌『日本人』を発行したこと、またその翌年、陸《くが》羯南《かつなん》が新聞『日本』を発行し、その周辺に保守主義者が集まったことにも注目している。その意味で、まさに明治二〇年代は、日本における保守主義の草創期であったと言えるだろう。とはいえ、橋川は、彼らの多くはむしろ「ナショナリスト」と呼ぶべきであり、自ら「保守」を標榜したわけではなかったことも指摘している。彼らは開化派による日本の伝統の破壊に反発し、国家や国民の本質的あり方としての「国粋の保存」を唱えたものの、政治制度の保守やその漸進的改革を主張したわけではない。バーク的な意味での保守主義とは、やはり区別されてしかるべきであろう。

以上の事態は、無理もないのかもしれない。英国のバークにとって保守すべき自由の体制が存在したのに対し、明治維新後の日本では、すべては森鷗外が述べたように「普請中」であり、これから作り、構築しなければならなかったからである。急進的な変革に対して反発する者はいても、あえて現行の秩序や制度を自覚的に保守しようという動きは乏しかったのである。

橋川は別の論考のなかで、「日本における近代的保守主義は思想伝統としても、政治的伝統としても、安定した実体を形成しなかった。そのことは、恐らく近代国家としての日本の急速な形成を可能とした事情と同じものにもとづいており、逆にまた、保守主義の社会的な不安定性が、日本の近代化をかくも急速ならしめたともいえよう」(4)と指摘している。あまりに慌ただしい日本の近代化は、成熟した保守主義の成立を許さず、またそのことが、逆に急速な近代化を可能にしたというのである。橋川の師であった丸山眞男とも通じる発想であった。

伊藤博文と保守主義

それでは、近代日本にまったく保守主義は存在しなかったと言えるだろうか。この点については、さらに検討を加える余地があるかもしれない。ここで考えてみたいのが、明治憲法を起草するにあたって、主導的な役割を果たした伊藤博文(一八四一—一九〇九)である。憲法起草者である伊藤が、自らの作り出した明治憲法体制の「保守」に最大の関心と情熱を持った人物であったとしてもおかしくない。

伊藤の一般的なイメージは、利害調整に長《た》けた現実主義的な政治家としてのものだろう。吉田松陰が若き日の伊藤を「周旋家《しゅうせんか》」と評したことは、よく知られている。長州でいえば高杉晋作や木戸孝允、薩摩でいえば西郷隆盛や大久保利通といった維新の第一世代と比べ、はるかに思想性の稀薄な実務的な人物として理解されることが多い。必然的に、アカデミズムにおける伊藤への注目は近年になるまで大きくなく、小説などでも主役として描かれることは稀であった。

しかしながら、そのような伊藤のイメージは、最近になって急速に変化しつつある。例えば、法制史家の瀧井一博によれば、伊藤はむしろ「知の政治家」であったという。(5) 幕末の短期の英国留学で英語を学んだ伊藤は、明治になってからも、英字新聞や洋書を読むのを楽しんだ。伊藤一流のポーズとして反発を買うことも多かったが、若き日の津田梅子に「アメリカを知る最良の書」としてアレクシ・ド・トクヴィル（一八〇五—五九）の『アメリカのデモクラシー』を薦めたというエピソードからも推し量れるように、伊藤の欧米理解はけっしてあなどれないものであった。

また後年、伊藤は好んでバークの「代議士は国民全体の利害の奉仕者」という言葉に言及したという。議員は個別的利害の代弁者ではなく、国民全体の利害を代表しなければならない。元老の筆頭でありながら政党の創設に乗り出し、立憲政友会の初代総裁になった伊藤は、間違いなくバークの思想のよき理解者であった。

瀧井によれば、伊藤にとって文明とは制度にほかならなかったという。

国に組織ありて而《しか》して後国始めて始動す。欧羅巴《ヨーロッパ》諸国即ち是なり（中略）。然るに東洋の半面は

死せり。これ東洋の国家には組織なくに因《よ》る。(6)（台湾会での講演）

西洋諸国の発展の基礎にあったのは、その組織であり、制度である。伊藤にこのことを教えたのは、木戸孝允であった。岩倉使節団で欧米諸国を歴訪するなか、木戸は各国の憲法や重要法令を翻訳させ、議会制度を精査する一方、グナイストら著名学者について欧米諸国の制度の把握に余念がなかった。

伊藤はこの木戸のすすめでローマの旧跡を訪れる。ローマの古《いにしえ》の歴史を振り返りつつ、日本の課題が文明国としての制度的枠組みを整備することにあると認識したとき、伊藤はそれが時間を要するものであることを実感したという。瀧井によれば、この瞬間こそ、急進的な改革官僚であった伊藤が、漸進的な改革政治家に変わった瞬間であった。

しかしながら、伊藤にとって困難もまた明らかであった。欧州諸国において憲法政治には歴史があり、今日多くの国々で自明の原理とされている。これに対し、「憲法政治は東洋諸国に於て曽《かつ》て歴史に徴証すべきものなき所にして、之を我《わが》日本に施行するは事《こと》全く新創たるを免れず」(7)。日本を含む東洋の国々にとって、憲法政治はまったく新たな試みであった。そのような試みをゼロから打ち立てることの難しさを、伊藤は強く認識していた。

さらに伊藤は、そもそも憲法政治にはその国の精神的な「機軸」となるものが必要だが、はたして日本にそのような「機軸」があるかを問題にする。「抑《そもそも》欧州に於ては憲法政治の萌芽せる事千余年独り人民の此制度に習熟せるのみならず、又《ま》た宗教なる者ありて之が機軸を為し、深く人心に浸潤して人心此に帰一せり。然るに我国に在《あり》ては、宗教なる者其力微弱にして一も国家の機軸たるべきものなし」(8)。かつて隆盛した仏教も今日では衰退に向かい、神道もまた人々の人心をよく掌握できていない。結論として伊藤は「我国に在て機軸とすべきは独り皇室あるのみ」(9)と結論づけるが、その皇室はあくまで伊藤のデザインした明治憲法体制のなかに位置づけられるべきものであった。

その意味で、伊藤は近代日本における一つの正統的な政治体制を確立し、そこに明確な制度的基盤と、精神的機軸を与えようと努力したと言えるだろう。伊藤が作り出した明治憲法体制のその後の評価は措《お》くとしても、明治憲法体制を前提に、その漸進的な発展を目指したという点では、伊藤は近代日本における「保守主義」を担ったといえる。

明治憲法体制における「保守本流」

このような視点からすれば、注目すべきは伊藤だけではないのかもしれない。もう一人のキーパーソンをあげるとすれば、陸奥宗光(一八四四—九七)ではなかろうか。紀州藩の出身でありながら、坂本龍馬の海援隊に身を投じた陸奥は、明治維新後には官僚として新政府に出仕する。しかしながら、藩閥政治に不満を抱いた陸奥は、土佐派と連携し、結果として政府転覆の陰謀事件に巻き込まれて投獄されることになる。

陸奥がユニークなのは、その後である。長い獄中期間を通じて学問の習得に努めた陸奥は、荻生《おぎゅう》徂徠《そらい》の著作と同時にベンサムを読み込んだという。ベンサムを通じて英国の功利主義を学んだ陸奥は、社会の発展の鍵は個人にあり、政府はこれを妨げてはならないという自由主義の思想を自らのものにする。陸奥は出獄後、さらに欧米諸国で政治学を学び続ける。この八年にわたる勉学こそが、陸奥のその後の活躍の基礎となった[10]。

そのような陸奥を起用したのが伊藤である。一度は政府転覆をはかった陸奥を伊藤は評価し、出獄や留学を支援した。その後、陸奥は土佐派の自由党ではなく、伊藤の幕僚として活躍することになる。興味深いのは、伊藤にせよ、陸奥にせよ、最終的にはドイツ型の行政権主導型の憲法体制を選択するものの、思想的にはイギリス型の自由主義や議会政治に親近感を抱いていたことである。

たしかに明治憲法は政党政治についての規定を持たない。とはいえ、伊藤は後年、自ら立憲政友会の創設を企て、事実上、政党政治への道を開いた。陸奥もまた、政友会内の伊藤系官僚と自由党系の政治家たちを結びつける役割を果たすと同時に、星亨《ほしとおる》や原敬など、その後の政友会を担うことになる政治家たちを政友会へと誘った。その意味で言えば、伊藤や陸奥は、急進的な革命を排したものの、明治憲法体制を前提に、その漸進的な改革をはかったと言えるだろう。

本書の視点からすれば、このような伊藤から陸奥へ、そして原へと継承される路線こそが、近代日本における保守主義の本流である。この路線は、明治憲法を前提としつつ、そこに内包された自由の論理を漸進的に発展させ、事実上、その後の立憲政治や政党政治を準備することになった。彼らは急進派に対し明確な一線を引きつつも、自覚的に漸進的な改革を志向した。実際、もし彼らの活躍がなければ、早いうちに藩閥と政党勢力の正面衝突が生じ、憲法停止というような事態が生じていたかもしれない。その限りでは、伊藤や陸奥による近代日本の保守主義は、政治的に重要な意義を持ったと言えるだろう。

「重臣リベラリズム」の限界

それでは、このような近代日本における「保守本流」はどこに行き着いたのか。この流れは原敬による政友会内閣（一九一八―二一）で一つのピークを迎え、その後は西園寺公望や牧野伸顕らによって維持され、やがていわゆる「重臣リベラリズム」（天皇側近における一定のリベラルな思想傾向）を形成する。彼らはいずれも英国流のリベラリズムや議会政治を高く評価し、天皇を輔弼《ほひつ》する元老・内大臣として、政友会と民政党による政党内閣制に支持を与えた。

このうち、大久保利通の次男である牧野は、父大久保とともに伊藤を高く評価し、英国流の立憲政治を目指すと同時に、外交的にも親英米主義を志向した。このような牧野の政治的価値観は、ある意味で、女婿である吉田茂を通じて戦後保守主義へとつながることになる。彼らは民主化に対して慎重な態度を取り続けたものの、高まる民衆の声に対して、漸進的な体制の改革を目指したという点で、まさに保守主義の正統であった。

それでは、このような重臣リベラリズムをどのように評価すべきだろうか。この点で注目すべきはやはり、丸山眞男である。実を言えば、戦前の丸山自身は重臣リベラリズムと近いところにいた。

丸山の父である新聞記者の丸山幹治は、やはり戦前のリベラリストとして名高い長谷川如是閑《にょぜかん》と近く、牧野らとも密接な親交があった。その意味では、丸山自身の基礎的な価値観は、戦前派の「リベラリスト」とも近く、それは「重臣リベラリズム」とも地続きであったと言える。しかしながら、戦後に言論活動を開始した丸山にとって、「重臣リベラリズム」はもちろん、戦前派の他のリベラリストたちもまた、乗り越えるべき存在であった。丸山の「超国家主義の論理と心理」をはじめとする論考は、軍国主義者の精神のみならず、それに対して決定的に対決できなかった戦前の「リベラリズム」一般に対する批判でもあった。結果として、「戦前リベラリズム」は「戦後民主主義」と断絶し、両者がうまく接続することはできなかったのである。

久野収、鶴見俊輔、藤田省三もまた「日本の保守主義」と題された座談会のなかで、雑誌『心』に見られる戦前のリベラリズムについて、「明治指導者の二代目」のリベラリズム、「学習した」リベラリズムと呼んでいる。(11) その特徴は優等生的な体質にあり、深刻な分裂や対立を経験していない分、自らの敵対者からもエネルギーを得るしたたかさに欠け、また文化的な多様性に対する理解も乏しかったという。こうした評価の是非はともかく、戦前のリベラリズムが保守主義としての強靭さに欠けたという評価は、丸山の重臣リベラリズム批判と通じるものがある。

このように、戦前の日本では、強固な保守主義が形成されたかといえば疑問が残る。もっぱら国家や国民を強調するナショナリズムや、過去に執着して改革を否定する伝統主義と区別される保守主義は、結局のところ稀薄であったと言わざるをえない。

とはいえ、明治憲法体制を維持しつつ、そこに内包された自由の論理を漸進的に発展しようという意味で、保守主義の伝統がまったくなかったわけでもない。身近に重臣リベラリズムの担い手がいた丸山や鶴見は、これを厳しく批判しつつ、それでもそのような保守主義の伝統を強く意識していた。

(1) 橋川文三「日本保守主義の体験と思想」中島岳志編『橋川文三セレクション』岩波現代文庫、二〇一一年、三一九頁。
(2) 「保守党中正派立党大意」指原安三編『明治政史』第八冊、冨山房書店、一八九三年、一八〇〇―一八〇一頁。
(3) 鳥尾得庵「臣の友垣」『得庵全書』鳥尾光、一九一一年、四九八頁。
(4) 橋川文三「保守主義と転向――柳田国男・白鳥義千代の場合」中島岳志編『橋川文三セレクション』岩波現代文庫、二〇一一年、四〇〇頁。
(5) 瀧井一博『伊藤博文――知の政治家』中公新書、二〇一〇年。
(6) 瀧井一博編『伊藤博文演説集』講談社学術文庫、二〇一一年、六五頁。
(7) 同右、一七頁。
(8) 同右、一八頁。
(9) 同右、一八頁。
(10) 萩原延壽『陸奥宗光』上・下巻、朝日新聞社、一九九七年、岡崎久彦『陸奥宗光とその時代』上・下巻、PHP文庫、二〇〇三年。

（11）久野収・鶴見俊輔・藤田省三『戦後日本の思想』岩波現代文庫、二〇一〇年、一二四―一二五頁。

3　現代日本の保守主義

吉田茂と戦後日本の保守主義

それでは、第二次世界大戦後はどうだろうか。首相として戦後復興を主導した吉田茂（一八七八―一九六七）に戦後日本における保守主義の出発点を見出すことについては、ある程度のコンセンサスがあると言えるだろう。[1]

貴族的趣味を濃厚に持つ吉田は、とうてい民主的な政治指導者ではなかった。また外交官としてのキャリアが長かったことからも、国内政治、とくに政党に対する関心は元来、稀薄であった。そのような吉田が、民主化された戦後憲法の下で総理大臣となり、その後の自由民主党による保守政治の源流となったことは、ある意味で歴史の皮肉であった。

とはいえ、そのような歴史の女神クリオのいたずらが可能になったのも、吉田がここまで述べてきた、微弱ながら存在した戦前の保守主義の継承者であったからにほかならない。土佐出身の自由党領袖である竹内綱を実父に、貿易で財をなした富商の吉田健三を継父に、さらに外交官出身の天皇重臣・牧野伸顕を岳父に持った吉田は、まさに明治以来の日本の保守の正統を引き継ぐ存在であった。

吉田が戦後日本の保守主義に残した遺産は、大きく分けて二つある。一つは軽武装・経済国家という、いわゆる「吉田ドクトリン」である。「戦争で負けて外交で勝った歴史はある」と信じた吉田は、国内の議論が割れるなか、日米安全保障条約とセットに、共産主義国を排除した片面講和を選択した。その選択は、吉田の現実主義的な判断によるものであり、安全保障では大きくアメリカに依存しつつ、国家の最優先課題をむしろ経済発展に見出したことは、その後の日本の経済成長に大きく寄与することになった。また、経済的合理主義に支えられたその独自の政治的リアリズムは、戦争への反省から平和主義への強い志向を持った国民感情ともあいまって、戦後日本の軍事的拡大に対する一定の歯止めとして機能した。

もう一つの遺産は、しばしば「吉田学校」とも呼ばれる人材である。外交官出身で、手足となる政治家に乏しかった吉田は、必要にも迫られて、池田勇人、佐藤栄作らを筆頭に、多数の官僚を政治の世界へと導いた。やがて彼らは、政策的知識をバックに有力政治家として成長し、吉田政治を継承して、「保守本流」と呼ばれるグループを形成することになる。とくに大蔵省など経済官庁が多くの人材を輩出したことが、戦後保守政治の大きな特徴となった。彼ら官僚出身の政治家は、戦前以来の党人政治家と対抗しつつ、結果的にはともに戦後保守政治を担っていった。

しかしながら、吉田の遺産に負の側面がなかったわけではない。すでに指摘したように、吉田の判断はすぐれて現実主義的なものであった。その選んだ軽武装・経済国家についても、それがどこまで彼の信念に深く根を張っていたのかは明らかでない。現実に迫られ、状況対応的に選んだという側面を否定できないのである。占領下にある敗戦国の指導者としてやむをえない事態であったとしても、結果として、戦後日本の保守主義が、必ずしも現行の憲法秩序に価値的にコミットしないという皮肉な状態をもたらしたことは否定できない。

このような吉田の負の遺産もあり、戦後日本の保守主義は、本質的に「何を保守するのか」曖昧さを残すものとなった。一九五五（昭和三〇）年、左右社会党の統一に危機感を覚えた保守勢力が大同団結することで生まれた自民党は、自由主義的なハト派から、より国家主義的なタカ派まで、党内にかなり幅広い政治的立場が共存するものとなった。「反共」と「経済成長」以外、とくに共通の価値観を持たない巨大な保守政党が長く統治の役割を担ったことは、日本の保守主義にとってはたして幸せなことであったのか、疑問が残る。

二つの政治的志向

この自由党と日本民主党による保守合同では、吉田派と反吉田派、官僚派と党人派、戦前派と戦後派が合同して一つの政党を形成することになった。およそ一つの政治的原理を共有した政党とは言いがたかったが、大きく見ても、かなり異質な二つの方向性が共存することになったと理解できるのではないか。

一つは、すでに指摘した軽武装・経済国家を志向する吉田の路線である。吉田は戦前の経験から、軍部の横行に対しては反発を覚えたものの、けっして理念的な平和主義者ではなく、軍隊そのものを否定したわけでもなかった。とはいえ、すでに述べたように、吉田は一定の現実的判断に基づき、戦後日本の課題を軍事力の拡大ではなく、経済的発展に見出した。国家の役割を限定的に捉え、むしろ自由な経済活動を重視するという意味で、より自由主義的な路線であった。また、どこまで価値的なコミットメントがあったかはともかく、自らが作り出した戦後体制というあり方を基本的前提としている点で、より漸進主義的な改革主義の立場をとったと言えるだろう。

これに対し、鳩山一郎（一八八三―一九五九）、岸信介（一八九六―一九八七）らの日本民主党は、吉田の自由党とはかなり異質な要素を持っていた。とくに注目すべきは、やはり岸であろう。戦前、商工省の革新官僚として活躍し、また満洲経営で辣腕《らつわん》をふるった岸は、国家主導の統制経済や計画経済を導入しようとしたという点で、より古典的な自由主義な立場をとる吉田とは明らかに異なる政治経済秩序のイメージを抱いていた。また、一九六〇年の安保改定では、アメリカに対する日本の対等な関係を目指したことに示されるように、岸はより明確なナショナリズムへの志向を持っていた。そのような岸にとって、日本国憲法やそれに基づく戦後体制は「押しつけられた」ものであり、岸は戦後的価値に対する、より急進的な挑戦者の立場をとったと言えるだろう。

保守合同は、このような異質な両者の間の緊張を封印するものであった。より自由主義的で漸進改革的な吉田の立場が池田勇人の宏池会《こうちかい》によって受け継がれたとすれば、より国家主義的で急進主義的な岸の路線は福田赳夫の清和会《せいわかい》などによって継承された。その意味で言えば、田中角栄からさらに竹下登の経世会《けいせいかい》（現・平成研究会）へとつながる路線は、その両者の間に立つことによって、ある時期以降の自民党政治における主導権を確立したと言えるかもしれない。

いずれにせよ、自民党内における本質的な価値観の対立は、派閥対立へと「矮小化《わいしょうか》」されることによって、潜在的なマグマとして押さえ込まれた。そしてこの「封印」こそが、すべてを曖昧に包括する政党としての自民党が長く一党優位を確立する一因ともなったのである。

大平正芳による新たな模索

このようにして、戦後日本政治では、明確な共通の保守思想が稀薄なまま、政治勢力としての保守は全盛を極めた。とはいえ、一党優位体制を確立した自民党に、保守主義のアイデンティティをめぐる問題意識が存在しなかったわけではない。とくに、高度経済成長の下、農村から都市への人口移動が続いたことから、農村部を基盤とした自民党は得票率の低下に苦しむことになる。

日本社会の構造的変容に対し、保守党としての自民党の危機を警告したのが、自民党代議士の石田博英の論文「保守政党のビジョン」[2]（一九六三年）であった。このままでは、都市化の進む日本における保守政党の衰退は必然であり、やがて革新政党によってとって代わられるであろう。これに抗するためには、あらためて保守政党としてのヴィジョンを示さなければならない。このような石田の問題提起を受け、一九六〇年代から七〇年代にかけて、保守主義を再定義しようとする模索が続いた。

このような模索を代表する一人が大平正芳（一九一〇—八〇）である。一九六〇年代後半からすでに先進国を模倣した近代化のモデルが限界に達していると主張していた大平は、やがて経済成長を中心とする近代化の「次の段階」を構想するようになる。大平の問題意識は、彼が吉田から「保守本流」を継承する池田勇人の宏池会の次世代を担う人間であっただけに、象徴的であった。池田は「寛容と忍耐」をキャッチフレーズにイデオロギー的対立を抑制し、むしろ所得倍増計画に代表される経済成長を国家の目標として掲げたが、これに対し大平はさらに、経済成長以降の新たな国家目標を模索したのである。

このような大平の構想をもっともよく示しているのが、「大平総理の政策研究会」であった。大平は首相就任に先立って、自らの政権構想を具体化すべく、香山健一をはじめとする若い知識人たちとの交流を深めていたが、総理就任を機に二〇〇名を超える知識人・文化人・官僚を集め「文化の時代」「田園都市構想」「環太平洋連帯」など九つの研究会を発足させた。この研究会は、大平の急死により直ちに政治的に実を結ぶことはなかったが、その一部は中曽根康弘首相によって取り上げられることになる。

中曽根は旧来の保守支持層に加え、新たに都市部の有権者からの支持獲得に努め、とくに一九八六年の衆参同日選挙で勝利することで、「左にウィングを伸ば」すことに成功した。大平と中曽根の思想はけっして同じではなかったが、日本の保守が新たな展開を示すことが可能になった一因は、大平以来の保守の模索にあったはずである。

その際、とくに大平やそれを支えた香山の場合、政治学者の中北浩爾が指摘するように、背景にあった「日本型多元主義」の思想が重要である。(3) これは職場、家族、地域といった集団の役割を重視するものであり、国家主義を抑制し、分権的な社会をモデルとするものであった。香川の農家に生まれ、苦学して大学に進んだ大平は、戦後社会の基本的価値を肯定しつつ、その基盤となるコミュニティの役割に着目した。戦後日本の保守主義が、単に政治制度の連続性のみならず、背景にある日本的な組織のあり方や中間集団までをその射程に入れたことの意義はけっして小さくなかった。

ただし、大平による保守主義の視野の拡大が、以後の保守によってさらに深化させられたとは言いがたい。むしろ、いち早くオイルショックを脱却した日本社会がバブル経済へと向かうなか、戦後日本の保守主義を支えた中間集団や地域コミュニティの行方についての関心は、むしろ後退していった印象が強い。結果として、保守主義の保守主義たる所以《ゆえん》、保守主義が真に保守すべき価値の模索は後景に退き、保守主義のアイデンティティ危機が静かに進行していった。それを埋めるかのように新自由主義的な価値観が広がりをみせるようになったが、保守主義と新自由主義の緊張関係がとくに論じられることもなかった。

一九八九年、ベルリンの壁が崩壊し、東西冷戦体制は終焉へと向かった。このことは、明確な保守のコンセンサスを持たず、「反共」と「経済成長」を唯一の枠組みとして共存をはかってきた戦後日本の保守主義にとって、その前提条件が失われたことを意味した。自民党・社会党・新党さきがけの連立による村山富市政権を最後に、社会党（現社民党）はその党勢を衰退させていったが、このことは、保守勢力の数的な拡大をもたらした反面、質的にはアイデンティティ危機を深刻化させたと言えるだろう。

このことは、けっして時代状況の変化だけによるのではない。そもそも、微弱とはいえ戦前の日本の保守主義が、あくまで明治憲法体制を前提に、そこに内包された自由の論理を漸進的に発展させていったのに対し、戦後の保守主義は明確な共通のミッションを欠いたまま、冷戦体制を所与とし、経済発展のみを国家目標に掲げてきた。いわば、戦後の保守主義は状況への適応としての側面が強く、保守すべきものの理念は曖昧なままであった。このことが、そのライバルの社会主義の後退とともに、今日における保守主義の優位とその無内容化をもたらしたのである。そうだとすれば、ますます遠心化を続ける「保守主義の優位」は、保守主義にとって、勝利であるという以上に、危機を意味する。

日本の保守主義の未来

現在、世に「保守主義」は溢れている。しかしながら、そこで必ずと言っていいほど参照されているバークの定義に立ち戻るならば、近代、そして現代に至るまで、日本に本当に保守主義が存在したのかは疑問が残る。

もし真にバークに従うのであれば、多様な制度、習慣、法によって形成されてきた憲法秩序は一朝一夕に成立したものではない以上、イデオロギー的にその全面的な転換を試みることには、あくまで慎重でなければならない。もし、それを変更するとしても、現行秩序に内在する自由の論理を発展させ、漸進的な改革をはかることが優先的な課題となるべきである。

もちろん、時代ごとの部分的修正は否定されないが、その根本的な精神を変更するような試みは、あくまで保守主義の精神とは正反対のものとして退けられねばならない。このようなバークの教えに適《かな》う成熟した保守主義が、はたして日本に存在したことがあるのだろうか。

もし、日本における保守主義が真に自らの基礎を再確認しようとするならば、歴史に対する真摯な反省と、それに基づく敬意が不可欠であろう。それでは、一体いかなる「歴史」を私たちは尊重すべきなのだろうか。

戦後日本の保守主義を困難なものにしているのが、敗戦と占領という経験であることは間違いない。結果として戦後日本の保守主義は、自らの政治体制を価値的なコミットメントなしにとりあえず保守するという「状況主義的保守」か、さもなければ占領下に制定した日本国憲法を「押しつけ憲法」として現行秩序の正統性を否認するという「保守ならざる保守」かという、不毛な両極に分解することになった。そこに欠けたのが、現行の政治秩序の正統性を深く信じるがゆえに、その漸進的改革を試みるという本来の保守主義であることについては、ここまでも繰り返し指摘してきた通りである。

しかしながら、明治以来の日本の保守主義の伝統を振り返るならば、明治憲法体制に内在する自由の論理を発展させることで民主化の要求に漸進的に応えてきたのが、日本の保守主義の真の「本流」であるとも言える。そうだとすれば、戦後憲法の定着のなかに、このような漸進的発展の延長を見ることこそが、「本流」を継承することになるのではなかろうか。歴史的視座に立つとき、日本の保守主義は新たなる可能性を見出すように思われてならない。

その場合にもっとも重要なのが、「戦後経験」の思想的反省であろう。日本は敗戦と占領を経験しながら、戦後社会の安定と発展を実現することに成功した。しかもその間、日本は一度も自らの軍隊を率いて国家間の戦争に参加することがなかった。それが多分に幸運に支えられたものであったとしても、戦後日本がそのような幸運を活用するだけの賢明さを持ち合わせたことが否定されるわけではない。そのような「戦後経験」から何を学び、何を継承するか。そこにこそ、日本の保守主義の未来がかかっているはずである。

このような課題は、丸山眞男や福田恆存によって、早くから指摘されてきたものである。そしてこの課題は、「戦後レジームからの脱却」[4]（安倍晋三元首相）が語られる二〇〇〇年代以降の状況において、ますます重要なものとなっているのではないだろうか。歴史のなかに連続性を見出し、保守すべき価値を見出す保守主義の英知が今こそ求められている。

（1）高坂正堯『宰相 吉田茂』中公叢書、一九六八年。
（2）石田博英「保守政党のビジョン」『中央公論』一九六三年一月号、八八—九七頁。
（3）中北浩爾『自民党政治の変容』ＮＨＫブックス、二〇一四年。
（4）安倍晋三『新しい国へ 美しい国へ 完全版』文春新書、二〇一三年、二五四頁

第二章　日本のリベラリズム

1 「リベラリズム」の基本形

日本における「自由」

第二章ではリベラリズムを取り上げる。しかし、日本のリベラリズムを論じようとするとき、私たちはどうしてもある種の戸惑いや躊躇《ちゅうちょ》を感じてしまうのではないか。「日本にリベラリズムが存在するのか」「存在するとすれば、いかなる系譜を見出せるか」「今日における リベラリズムの課題とは何か」といった問いに取り組もうとしても、その前にそもそも「リベラリズムとは何か」という定義問題につまずいてしまうのだ。

もちろん、同じことは多かれ少なかれ、あらゆる問題について言えるだろう。定義がはっきりしなければ、議論は噛み合わず、迷走する。リベラリズムについても、定義問題がつきまとうのは日本に限られた話ではない。後ほど触れるように、欧米においてもリベラリズムの定義は多様であり、議論は一つに収斂《しゅうれん》しない。

しかしながら、日本のリベラリズムの場合、まずは言葉の定義問題、それもとくに翻訳と深く結びついた定義問題につきあたる。問題を「自由」と「リベラリズム」とに分けて考えてみよう。

「自由」とは、言うまでもなく、欧米における liberty や freedom の翻訳語として採用された言葉であり、そのようなものとして、現代日本においても定着している（この場合、liberty と freedom の異同についても問題になるが、ここでは触れない）。しかしながら、「自由」という言葉自体は、日本においても古くから使われてきたものであり、そのような伝統的な用法と、近代になって採用された翻訳語としての用法との間には、大きなずれがある。このことについては、津田左右吉《つだそうきち》[1]以来、丸山眞男を含む、多くの研究者によって論じられてきた。

　各論者に共通しているのは、もともと中国から入ってきた「自由」という語は、「専制的で恣意《しい》的な振る舞い」を指す言葉として、否定的に使われたということである。やがて中世になると仏教における「自由」の用例も増え、そこでは「思うままになる」「束縛や障害がない」というプラスの含意も込められるようになった。また「不自由」という言葉も用いられるようになり、現在でも「体の不自由な」「何一つ不自由なく育つ」といった言い回しが使われている（欧米語において、同様の事態を表現するのに、「自由」という言葉は使われない）。

　結果として、今日私たちが「自由」という言葉を用いる際、liberty や freedom の翻訳語としての「自由」は、「専制的で恣意的」「思うままになる」という伝統的な日本の用法と無意識なまま結びつきやすい。「自由」という言葉に、「好き勝手」や「わがまま」といった否定的な含意がつきまとい、あるいは自由における「束縛や障害がない」という側面ばかりが強調されがちなのは、そのためである。

これに対し、福沢諭吉らは、伝統的な日本語における自由と、西洋語における liberty や freedom との間に大きなずれがあることを明確に意識していた。とくに福沢があえて自由と放縦を区別し、平等や他者との互恵こそが大切であると強調したことが重要である。福沢にとって、「自由」は「好き勝手」や「わがまま」とはまったく別のものであった。むしろ福沢は「独立自尊」といった言葉を選ぶことも多かった。にもかかわらず、「自由」の伝統的な用法はその後も続き、今日でもなお根強いと言える。

もちろん、これをもっぱら西欧語における liberty や freedom の日本的な「誤解」や「歪曲」として捉えるならば、私たちは古い西洋中心史観にとらわれていることになる。むしろ、後で述べていくように、欧米においても時代や地域によって、これらの言葉はさまざまな使われ方をしてきた。その多義性が言葉のグローバルな伝播《でんぱ》や相互修正によって増幅され、そのダイナミズムが今日もなお継続していると見るべきであろう。

「リベラリズム」とは何か

問題をさらにややこしくするのは、「リベラリズム」をめぐる諸問題である。「リベラリズム」をめぐる問題系は、「自由」をめぐる問題系と重なりつつ、しかし明らかに異なる位相を含んでいる。

まず何より、リベラリズムがあくまで「イズム」であることに注意しなければならない。日本語では「主義」と訳される言葉であるが、「保守主義」や「社会主義」などとともに、「リベラリズム」という言葉が使われるようになったのは、一九世紀初頭のヨーロッパである。この時期、ヨーロッパはまさに「イデオロギー」[2]の時代を迎えた。

「リベラリズム」の初出は、一八一〇年代前半のスペインとされる。[3]この時期、スペインでは、ナポレオンのフランス軍による侵攻に対し、抵抗運動が起きていた。この抵抗運動の担い手たちが「リベラルたち」と呼ばれることになり、それを受けて新聞などで「リベラリズム」という言葉が使われたという。この場合の「リベラルたち」とは、法の下の平等や立憲主義、代議制などを主張したグループであった。

「リベラリズム」がナポレオン期に使われ始めたというのは興味深い事実だが、そのことは後ほど、あらためて論じたい。ここで重要なのは、「リベラリズム」が一九世紀初頭に、特定の政治的党派を指すものとして使われ始めたということである。その意味で言えば、「リベラリズム」は歴史的な用語である。厳密に歴史的な言葉の使い方にこだわるならば、一八世紀以前について「リベラリズム」を論じることには、一定の慎重さが必要になるだろう（全面的に否定されるわけではないとしても）。

一八世紀以前に関して言えば、「リベラル」という言葉は、「気前のいい」や「寛大な」を指す形容詞として用いられていた。「自由」から派生するラテン語起源のこの言葉は、必ずしも政治的な用語ではなかったのである。この言葉が一九世紀になって、突如政治的な党派を指す言葉として使われるようになる。当然、そのことには理由があったはずであるし、結果として「リベラル」という言葉の意味内容も変わることになった。

ここで注意しなければならないのは、「リベラリズム」を機械的に「自由主義」と訳せないことである。あえて言うならば「リベラル主義」であり、重要なのは「リベラル」という言葉の意味の広がりである。すでに触れたように、「リベラル」という言葉は「気前のいい」や「寛大な」を指すものであり、そこには他者への配慮や寛容の精神が含意されていた。その意味で、「リベラリズム」には、個人の自由や権利の尊重を超えた、何らかの意味や価値が託されているのである。

このような歴史的な経緯を踏まえると、現代日本において、「リベラル」という言葉はかなり独自な用いられ方をしていることになる。しばしば「リベラル」は「左翼」と結びつけられ、「リベサヨ」として右派からの揶揄的な蔑称になっている。書店に行けば、『「リベラル」がうさんくさいのには理由がある』といった本も見られる。何より、現代日本を代表するリベラリストの一人である法哲学者の井上達夫自身が、『リベラルのことは嫌いでも、リベラリズムは嫌いにならないでください』という名（迷）タイトルの本を書いている。(4) 現代日本において「リベラル」とはどこかうさんくさくて、嫌われるものであるらしい。もともと「気前のいい」や「寛大な」を意味したはずの「リベラル」はなぜ、そのような含意を持つようになってしまったのだろうか。「自由」をめぐる問題系と区別して、「リベラル」、あるいは「リベラリズム」の問題系を検討しなければならないのは、そのためである。

欧米における「自由」

ここで、欧米の歴史において、「自由」や「リベラリズム」という言葉がどのように使われてきたのかを確認しておこう。網羅的な説明は不可能であるが、いくつかのポイントを確認しておきたい。

まず、西洋語における liberty や freedom の起源にあるのは、古代ギリシアとローマにおける「自由」である。この場合に「自由」とは何よりもまず、独立した市民であって奴隷ではないことを意味した。すなわち、「自由」とは、主人や他者の恣意的な支配を受けないことであり、その意味で、「自由」の反対語は「隷従」や「隷属」であった。

次に注目すべきは、「自由」とは個人だけでなく、「国家」についてもあてはまる概念だったことである。すなわち、他者の支配を脱した個人が「自由な市民」であるのと同様、他国の支配、あるいは自国においても専制君主の支配を脱した国家こそが「自由な国家」であった。そして「自由な市民」と「自由な国家」が結びつき、不可分のものとされたことが重要である。その際に重視されたのは、自らの意志にしたがって行動する能力であった。これに対し、自分の意志ではなく、他者の恣意的な意志に従属していることが、奴隷であり隷属であった。

「自由な市民」から成る国家こそが「自由な国家」となり、逆に「自由な国家」においてこそ「自由な市民」も可能になる。あるいは、現代人の感覚からは、「自由な国家」という表現は不自然にも感じられるかもしれない。しかしながら、古代ギリシアやローマにおいては、市民による民会への政治参加や、市民によって制定された法の支配というリアリティがあり、それゆえに「自由な国家」という表現もけっして不自然ではなかった。むしろ、「自由な国家」に住む「自由な市民」であることが、彼らの誇りとなったのである。それと対比されたのが「専制」であった。他国の専制的支配を受ければ「自由な国家」ではないし、自国内でも専制的支配者の下にあれば「自由な市民」ではないと見なされたのである。

このような「自由」の理念は、その後の西欧社会にも継承されていったが、近代以降、多くの変化を経験することになる。その際に問題になったことの一つが、「自由な国家」と「自由な市民」の結びつきであった。[5]はたして両者の結びつきは必然的なのか。あるいはむしろ一七世紀イングランドの思想家トマス・ホッブズ（一五八八―一六七九）が論じたように、安定した絶対的な主権の支配の下においてこそ、むしろ市民的自由も確保されるのではないか。重要なのは個人の自由の確保であって、特定の政治体制のあり方との結びつきは相対的であるという見方が次第に力を増していった。

このような西欧における「自由」の捉え方の変化は、一九世紀以降の「リベラリズム」の展開にも微妙な影響を及ぼしている。しかし、ここでは、古代ギリシア・ローマから近代の欧米まで、「自由」の根本的な理念が「他者の恣意的な支配ではなく、自分自身の意志に基づいて判断し、行動できること」であったということを確認しておきたい。

「リベラリズム」の時代

「リベラリズム」の起源を探る上で有益なのが、歴史学者、政治学者のヘレナ・ローゼンブラットの『リベラリズム 失われた歴史と現在』である。彼女によれば、古代ローマにおいて「リベラルたること」が意味したのは、「同胞市民に対して気高く寛大な心をもち、そのようにふるまうことである。その対義語は利己主義であった」[6]。キケロやセネカらの古代ローマの哲学者たちは、リベラルであるためには、他人への寛大さや感謝の気持ちを持つことが重要であり、そのためにも自分で自分を規律する力を持つことが大切であると論じた。

この資質はしばしば統治者階級に必要なものとされた。ここから生じたのが、いわゆる「リベラル・アーツ（自由学芸）」と呼ばれる学問体系である。その目的は、リベラルであるにふさわしい知識と能力を身につけることにほかならなかった。若者が「リベラル・アーツ」を学ぶことで、優れた道徳的・知的資質を獲得し、国家や公共に奉仕するにふさわしい人間になることが期待されたのである。

このようなリベラルの理念は、ルネサンス以降のヨーロッパにも継承される。しかしながら、注目すべきはここでもホッブズである。ホッブズはこのようなリベラルの伝統を丸ごと拒絶し、人間を「貧しく」「汚らわしくて」「野蛮」であるとした。その意味で彼は、リベラルの資質抜きに、自らのリヴァイアサンの設立を考えたとも言える。これに対し、同じく一七世紀イングランドの思想家であるジョン・ロック（一六三二―一七〇四）の思想を貫いたのは、人間はリベラルになりうるし、その義務もあるということであった。

ホッブズのような例外は存在するとしても、全体としては、リベラルの伝統はその後も引き継がれたと言える。一八世紀の啓蒙思想の時代に、リベラルの指し示す対象はさらに広がりを見せ、「リベラルな感覚」「リベラルな思想」「リベラルな思考様式」といったことが論じられるようになった。とくにロック以降、リベラルであることが宗教的な寛容と結びついたことが重要である。一八世紀に至って、リベラルの価値の中心にあるのは宗教的な寛容であると見なされるようになった。

その意味で言えば、本章の冒頭から触れている「リベラリズム」とは、このように長きにわたり保持され、価値とされてきた「リベラルであること」が、突如、特定の政治的党派と結びつけられて捉えられるようになったことを意味する。

「リベラリズム」の誕生の画期となったのが、ナポレオン時代であったことについては、すでに触れた。「リベラルであること」の理念にとって、ナポレオンという存在は、いかにも両義的であった。たしかにナポレオンは「フランス革命の子」であり、フランス革命による伝統的な身分制社会の否定や、新たな人権の理念を自ら体現し、これをヨーロッパ大に拡大した原動力であった。その意味で、ナポレオンは間違いなく「解放」の象徴であった。しかしながら、他方でナポレオンは、自らが皇帝になって専制的な体制を打ち立て、さらに征服した近隣諸国に自らの親族を王として据えた。このことはナポレオンに期待した人々に大いなる失望をもたらし、そのような人々にとって、

「抑圧者」としてのナポレオンの像が前面に出た。このようなナポレオンの両義性こそが、「リベラリズム」誕生の時代背景となったのである。

フランス・リベラリズム

このような初期の「リベラリズム」の思想家としてしばしば名前があがるのが、スタール夫人（一七六六—一八一七）とバンジャマン・コンスタン（一七六七—一八三〇）の二人である。[7] 財政家ネッケルの娘であり、パリのサロンの花形となったスタール夫人と、その愛人であった思想家コンスタンは、あくまで共和制を支持した。言い換えれば、フランス革命を否定して旧体制への復帰を願う反動と、革命の理念を急進化して自滅した恐怖政治のいずれにも対抗した。二人が目指したのは、「革命を終わらせ」、「リベラルな原理」を定着させることであった。この場合の「リベラルな原理」とはまさに、法の支配と市民の平等、立憲的な代表制による統治、出版の自由や宗教の自由に代表される自由の諸権利であった。

このような彼女らにとってナポレオンは、実に微妙な存在であった。一時は協力相手として期待したナポレオンに、二人はまもなく裏切られることになる。ナポレオンとの緊張関係という厳しい政治的現実のなかで、二人は「リベラリズム」の思想を形成していった。

コンスタンは一八一九年に有名な「古代人の自由と近代人の自由」という講演をしている。この講演で有名なのは、彼のジャン゠ジャック・ルソー批判である。古代のスパルタやローマに憧れたルソーの時代錯誤を批判したコンスタンは、「公的な意思決定への参加」を意味する「古代人の自由」と、「私的な生活の平穏な享受」を意味する「近代人の自由」を明確に区別した。[8] 経済活動などで忙しい近代人にとって大切なのは、個人としての自由や権利の保障（＝近代人の自由）であって、政治参加（＝古代人の自由）ではない。個人の自由を求めて、人民主権の確立を訴えたルソーは、古代人の自由と近代人の自由を取り違えたことになる。フランス革命が結果として恐怖政治をもたらしたのは、ルソーのこの錯誤に起因するとしたコンスタンの論法は鋭かった。

重要なのは誰が主権者であるかではなく、主権の及ぶ範囲である。仮に人民主権の下であっても、それが大きすぎれば個人の自由や権利を侵す危険性がある。必要なのは、主権にしっかりと歯止めをかけることである。このようなコンスタンの議論は、「自由な国家」と「自由な市民」を不可分とする伝統的な思考法に決定的な批判を加えるものであった。同時に、その後、同じくフランス・リベラリズムの思想家アレクシ・ド・トクヴィルが説いたように、「多数者の暴政」や「民主的専制」など、民主主義の下でも自由の侵害が生じうること、言い換えれば民主主義と自由との間には緊張関係があるということに着目するものであった。

ここに、人民主権論や民主主義論と明確に区別される、独自の「リベラリズム」の思想が形成されることになる。すでに触れたローゼンブラットは、「リベラリズム」と言えば一般に英米が想像されるが、実際には「リベラリズム」の起源はフランスにあったと指摘している。彼女によれば、イギリス、さらにアメリカがこの思想を取り入れたのは、その後のことであった。

リベラリズムのベースライン

以上を踏まえて、歴史的にリベラリズムを振り返る上での議論のベースラインを確認しておきたい。

第一に、欧米における「自由」の根本にあるのは、「他者の恣意的な意志ではなく、自分の意志に従うこと」という理念である。それは自律の理念と結びつき、古代ギリシア・ローマから近代の欧米に至るまで、つねに極めて重要な人間的価値の一つとされてきた。すでに触れたように、「自由」の持つこの側面こそが、近代日本において「自由」を考え上での最大のつまずきとなったことは間違いない。ただし、日本語の「自由」で強調される「束縛や障害がないこと」という側面が、西欧語の「自由」に存在しないわけではない。その限りでは、程度の差とも言える。(9)

第二に、「リベラリズム」とはもともと、「気前の良さ」や「寛大さ」を意味する「リベラルな」という形容詞から生じている。その意味で、「リベラリズム」の中核には、他者への配慮や寛容を重視する道徳論がある。したがって、「リベラリズム」とは本来、自分自身の利益ばかりを顧慮する利己主義や、他者からの分離ばかりを強調する個人主義とは一線を画すものであった。やがて「リベラリズム」は一九世紀以降、まずは政治論に、さらに経済論の領域へと拡大するが、その過程で「リベラリズム」の意味内容それ自体も変化していく。ここからさらに、古典的リベラリズムと現代的リベラリズムの区別も生じていった。(10) 奇《く》しくも近代日本が「リベラリズム」に接したのは、そのような転換期であった。

第三に、それでも、さまざまな変化を超えて、「リベラリズム」の理念において継承されているものもあるとすれば、それは一人ひとりの人間が、他者の恣意的な支配を脱し、自らの意志で自分の人生を自律的に選択できるべきであるという理念である。これに、一つの立場に固執しない自由な姿勢や、他者への配慮や多様性の尊重、寛容の理念が加わったものが、本章で言う「リベラリズム」の基本形となる。はたしてそのような「リベラリズム」は近代日本において、存在したのだろうか。あるいは現代日本においても定着していると言えるのか。以下、考えていきたい。

(1) 津田左右吉「自由といふ語の用例」『津田左右吉全集』第二一巻、岩波書店、一九八八年。日本における「自由」の用法についての概説としては、宮村治雄『新訂 日本政治思想史――「自由」の観念を軸にして』放送大学教育振興会、二〇〇五年を参照。

(2) 「イデオロギー」の一般的な定義も困難だが、ここでは最低限、「一定の世界観や歴史観を背景とした、特定の社会勢力による体系的な政治的・政策的主張」としておく。とくにマルクス主義によってこの言葉が用いられて以降、階級利害との結びつきが強調される。

(3) ヘレナ・ローゼンブラット『リベラリズム 失われた歴史と現在』三牧聖子・川上洋平ほか訳、青土社、二〇二〇年、七三―七五頁。

(4) 井上達夫『リベラルのことは嫌いでも、リベラリズムは嫌いにならないでください――井上達夫の法哲学入門』毎日新聞出版、二〇一五年。

(5) クエンティン・スキナー『自由主義に先立つ自由』梅津順一訳、聖学院大学出版会、二〇〇一年。
(6) 前掲『リベラリズム 失われた歴史と現在』、一八頁。
(7) 二人はいずれもフランスで活躍したが、スイスをはじめ、ヨーロッパ各地とのつながりの深いコスモポリタン的存在だった。またいずれもプロテスタントであった。
(8) バンジャマン・コンスタン『近代人の自由と古代人の自由・征服の精神と簒奪 他一篇』堤林剣・堤林恵訳、岩波文庫、二〇二〇年。
(9) その意味でいうと、有名なアイザイア・バーリンの「二つの自由概念」の評価は難しい。権力や他人の干渉からの自由を意味する「消極的自由」と、「自己支配」を核とし、自己を支配する権力への参加の自由を意味する「積極的自由」の区別は、本章の議論と一定の共通性がある。しかしながら、自由を保障する手段としての消極的自由と、価値理念としての積極的自由とでは異なった問題の位相にあり、必ずしも二者択一ではない。
(10) 政府からの介入に対し個人の自由を守ろうとする前者と、個人の自由を実現するためにむしろ政府の積極的な役割を重視する後者の違いはたしかに大きいように見える。しかしながら、本文で述べたように、「リベラリズム」にはもともとむき出しの利己主義を批判し、他者への配慮を強調する傾向が内在していたことが重要である。

2 近代日本のリベラリズム

リベラリスト福沢諭吉

近代日本のリベラリストとして最初に論ずべき人物として、福沢諭吉(一八三五—一九〇一)をあげる人は少なくないだろう。天保五（一八三五）年、大坂堂島にある中津藩蔵屋敷に勤める下級士族の子として生まれた福沢にとって、「門閥制度は親の敵《かたき》」（『福翁自伝』）であった。父百助は、苦労して清朝の『上諭条例』（清朝乾隆帝時代の法令の記録）を入手した喜びから、子どもに「諭吉」と名づけるほどの学問好きであった。にもかかわらず、藩の借財処理に生涯を費やした父を見て育った福沢にとって、人を生まれた身分に縛りつけ、自由な生き方の選択を許さない門閥制度は、まさに「親の敵」であった。『学問のすすめ』における「天は人の上に人を造らず、人の下に人を造らず(1)」という有名な書き出しも、学問の有無だけが人々の違いを生むという、（いささか功利的な匂いもする）新たな解放のマニフェストであった。

しかしながら、それだけであれば、福沢を「近代日本のリベラリスト」の嚆矢とすることは難しいだろう。本章冒頭で触れたように、福沢はその卓越した知性によって、西洋語の liberty や freedom の本質を鋭く洞察し、これを「自由」という言葉で置き換えることの問題性をいち早く指摘した人物でもあった。「自由」に対する深く、鋭い洞察こそが、福沢を真にリベラリストたらしめたものである。

『学問のすすめ』初編において福沢は、「ただ自由自在とのみ唱えて分限を知らざれば、わがまま放蕩《ほうとう》に陥ること多し。すなわちその分限とは、天の道理に基づき、人の情に従い、他人の妨げをなさずして我が一身の自由を達することなり。自由とわがままとの界《さかい》は、他人の妨げをなすとなさざるとの間にあり(2)」と述べている。福沢は自由と放縦、あるいはわがままがまったく別のものであるとし、ジョン・スチュアート・ミルの「危害原理」を思わせる「他人の妨げをなさざる」ことが、個人の自由を制約するとした。

その上で、福沢が「他人の妨げをなさざる」と並んで「天の道理」を強調したことも注目される。重要なのは「理」であり、普遍的な道理の前にすべての個人と国家は平等な立場に置かれる。そのように信じた福沢にとって、「自由」とは、束縛や障害がなければ何をしてもいいという自由とはまったく異質のものであった。「理」の普遍性へのコミットメントこそが、福沢の自由論を支えていたのであり、「理」への確信こそが、リベラリスト福沢諭吉の精神的な背骨となったのである。

それでは、福沢はいかにしてリベラリストになったのだろうか。蘭学を志して緒方洪庵の適塾で学んだ福沢は、やがて江戸に出て英語を学んだ。幕府の遣米使節団に加わり、咸臨丸で米国に渡ったことは有名だろう。その後も渡欧使節に参加し、さらに正式の幕臣となっての再度の訪米と、福沢が幕末の日本においてもっとも豊富な欧米体験を持った一人であったことは間違いない。

しかしながら、欧米体験が自動的に福沢をリベラリストにしたわけではない。福沢を独自の存在としたのは、幕府の崩壊と新政府発足にあたって彼がとった選択であった。すなわち、福沢は新政府に出仕することを拒否し、以後、あえて「私立」を自らの活躍する場として選んだのである。一度は「大君のモナルキ」を唱え、集権化された将軍権力による日本全体の改革を目指した福沢は、この夢が破れた段階において、同じ立場にあった洋学知識人とは異なる在野の道を選んだのである。

福沢は『学問のすすめ』四編の「学者の職分を論ず」で次のように言う。「人間の事業は独り政府の任にあらず、学者は学者にて私に事を行うべし」[3]。政府と人民はその役割が違うとしても対等である。政府ばかりが強くなり、人民が卑屈になるのでは国家は成り立たない。両者はあくまで対等であり、むしろ「学者」が「私立」の立場からきちんと考え、発言することで政治は健全なものとなる。独立した知、独立した精神こそが、日本社会に染みついた「権力の偏重」を打破すると福沢は確信したのである。

『文明論之概略』とリベラリズム

福沢のリベラリズムを支えたのは、その文明構想である。『文明論之概略』において福沢は、西洋と日本の歴史を、あえて比較してみせる。その際に彼が手本にしたのは、興味深いことに、フランス・リベラリズムの理論家・政治家であるフランソワ・ギゾー（一七八七―一八七四）であった。ギゾーは七月王政期を代表するリベラル派であるが（そしてそれゆえに、そのブルジョワ王政とともに悪名高くなったわけだが）、彼の思想的真骨頂はソルボンヌ大学で行った『ヨーロッパ文明史』[4]などの講義に見てとれる。後にやはりフランス・リベラリズムを代表する思想家となる、若き日のアレクシ・ド・トクヴィルが受講したのもこの講義であった。この講義において、ギゾーはヨーロッパの発展の原因を、その多元性に見出している。

ヨーロッパにおいては、世俗の秩序と教会の秩序が分立しただけでなく、諸国が併存して一つの帝国に統合されることがなかった。さらに国王の権力が貴族や庶民の力によって抑制されたヨーロッパは、それゆえに自由の秩序が維持されたとギゾーは言う。彼によれば、自由を可能にするのは、一つの絶対的権力によって統合されない多元的な秩序である。これと比べるならば、日本の歴史は、権力者の交代はあっても、治者と被治者の違いがなくなることはなかった。権力そのものを制限する原理も生まれなかった。「日本国の歴史はなくして日本政府の歴史あるのみ[5]」と福沢は喝破する。結果として生じたのが、あらゆる人間関係を貫く「権力の偏重」(「常に人に屈するを以て恥とせず[6]」)であった。

リベラリストとしての福沢が傑出しているのは、自由をあくまで道徳的な問題として捉えた上で、さらにそれを可能にする政治的・経済的な秩序のあり方にまで議論の射程を広げたことにある。福沢の「一身独立して一国独立する[7]」という有名な言葉も、あるいは「自由な国家」と「自由な市民」の不可分性を説く、伝統的な西欧の思考とどこか通底するものがあったかもしれない。

福沢のトクヴィルへの関心も注目に値する。いち早くトクヴィルの『アメリカのデモクラシー』を英語版で読んだ福沢は[8]、以後、トクヴィルの「政治の集権」と「行政の集権」の区別などを、自家薬籠中のものとして活用した。例えば『分権論』において福沢は、維新後、各地で逼塞《ひっそく》する不平士族を地域自治の担い手として活用することを提唱している。仮に、外交や安全保障、財政や通貨制度が国の仕事であるとしても(「政治の集権」)、地域固有の事柄はその地域の自治に委ねるべきである(「行政の分権」)。トクヴィルの分権論の意図をよく理解し、これを明治日本の状況に巧みにあてはめた見事な例であると言えるだろう。

すでに述べたように、一九世紀は欧米においてもリベラリズムの大きな転換期であった。その意味では、福沢は単にミルやギゾー、トクヴィルらの議論を同時代的に受容したのみならず、日本の文脈においてこれを縦横に展開したことになる。福沢は世界的なリベラリズムの展開の一翼を担ったのである。

石橋湛山の経済的リベラリズム

戦前の日本を代表するリベラリストとして、エコノミストの石橋湛山（一八八四―一九七三）を指摘する人も多いはずだ（戦後における政治家としての石橋については、後で別に論じる）。日蓮宗の僧侶の家に生まれた石橋は、早稲田大学で哲学や宗教を学び、その後、ジャーナリズムの道に進んで東洋経済新報社に入社した。経済的自由主義の立場から論陣を張った石橋が、あくまで経済的合理性の視点から日本の植民地放棄を論じ、いわゆる「小日本主義」を主張したことはよく知られている。

ちなみに石橋が東洋経済新報社に入社するにあたって提出したのは、「福沢諭吉論」という論文であった。(9) その意味では、石橋もまた、福沢のリベラリズムの気風を継承した人物であったと言える。しかしながら、石橋が近代日本における独自のリベラリズムを担った背景には、さらにいくつかのポイントを指摘できるのではないか。

第一に、石橋は宗教的な人物であった。彼の父である杉田湛誓《すぎたたんせい》は日蓮宗の身延山久遠寺の法主にまでなった人物であり、育ての父である望月日謙もまた久遠寺の法主になっている。石橋はまさに、日蓮宗の教えを空気のように吸って育った。石橋自身も「私は生来、宗教家になるべきはずの境遇に育ったものである（中略）。意識の底に、常に宗教家的、教育者的志望の潜んでいたことは明らかであった」[10]と書いている。また甲府の県立第一中学時代には、校長であり、札幌農学校出身である大島正健《おおしままさたけ》から、クラーク博士についての教えも受けた。石橋は生涯、日蓮遺文集と聖書を手元に置き続けたように、仏教とキリスト教とが結びついた、ある種の宗教的な精神が石橋の基盤にあった。

福沢は『文明論之概略』において、真に「権力の偏重」を克服し、自由を確立するためには、学問、さらには宗教が権力から自立していることが不可欠であると論じていた。にもかかわらず、現実の神道や仏教、あるいはキリスト教がよくその役割を果たしえていないことに不満の意を示している。あるいは石橋は、そのような自立した宗教の精神の担い手であったと言えるかもしれない。

一方で石橋は、国家と文芸、さらに宗教がときに衝突することを認めつつ、そのいずれもが、人が人として生きるためのものであると論じている。重要なのは、人が一人の個人として生きることであった。湛山は「人が国家を形づくり国民として団結するのは、人類として、個人として、人間として生きるためである。決して国民として生きるためでも何でもない」と説く（「国家と宗教および文芸」）[11]。現世における政治と宗教の役割を念頭に、国家の役割を相対化し、あくまで一人の個人としての人間の意義を強調する。このあたりにリベラリストとしての石橋の根本があったと言えるだろう。

第二に、石橋のプラグマティズムの内実についても、考えてみる必要がある。石橋は早稲田大学で哲学者の田中王堂《たなかおうどう》からこのアメリカの思想を学んでいる。田中自身はシカゴ大学でジョン・デューイから直接教えを受けており、その意味で石橋のプラグマティズムは筋金入りのものと言える。

プラグマティズムとは、しばしば「実用主義」や「実際主義」と訳されるように、結果重視の現実主義として理解されがちである。しかしながら、実際にはこの哲学を作ったのは、南北戦争で傷ついた若き哲学者たちであった[12]。神学的大義や形而上学を排した上で、人間の知の有限性を前提に、それでも多様な人間の経験や実験を通じて思想と社会の変革を目指す。このようなプラグマティズムの思考は、石橋の時事的な論説にたしかに見てとることができるだろう。

例えば、当時、日米間を険悪化していた移民問題について石橋は次のように言う。交通が未発達な時代なら、過剰人口の解決は移民しかなかったろう。しかし、今日では産業化と通商の発展により、食糧の多くは輸入できるし、より多くの人口を自国内で養える。「人口過剰」という思い込みから自由になれと石橋は説く（「我に移民の要なし」）。石橋特有の楽観主義だが、固定観念を否定し、多様な思考の可能性を強調するところに彼らしさが出ている。大国主導の軍縮会議についても、自国の権益を自発的に放棄することで、むしろ国際的な道義の支持を得ることを主張する（「一切を棄つるの覚悟」）。その際、単に国益をすべて断念するのではなく、むしろ「小欲に囚われるな、大欲を満たせ」と論じる点が石橋の真骨頂である。有名な「小日本主義」もまた、同じロジックの延長線上にある。

石橋によれば、自由論の本質は「自由討議」にある[13]。精神に型をはめるのが最悪で、各人それぞれの欲すること、信じようとすることを圧迫しないことが重要である。その上で自分の考えを腹蔵なく述べて、相互に容れるところは容れればいい。「精神復興」が説かれ出した時代に、日本において欠けている「精神」があるとすれば、この意味での「自由な精神」だと切り返す石橋の思考法は、きわめてプラグマティズム的であると言えるだろう。

清沢洌とリベラリズムの隘路

ちなみに『天皇観の相剋』などで知られる日本思想史家の武田清子は、「近代日本思想史において、自由主義（リベラリズム）は、右翼思想にとっても、革新思想にとっても、「つまずきの石」であった」と述べている[14]。彼女によれば、日本における自由主義は、結局のところは自然的欲望の肯定、抑制なき利益追求、自由放任主義経済の同義語とされた。そこにあったのは、「自由」を「勝手気まま」「ほしいまま」として理解する日本の伝統的な理解であった。福沢らの例外はあっても、その影響は一部の知識人の間にとどまったと武田はいう。

そのような日本の「リベラリズム」は昭和恐慌に襲われた日本において、時代遅れの自由放任主義の破綻を示すものとして、さらには深まる社会矛盾を生み出す元凶として、左右からの激しい攻撃を受けることになった。その際、軍部や右翼勢力のみならず、マルクス主義者戸坂潤らによって破綻した「リベラリズム」の象徴のように論じられたのが、ジャーナリストの清沢洌《きよし》（一八九〇―

一九四五）である。[15]

清沢は長野県の安曇野の出身である。長じてアメリカに移住し、そこで苦労して学び、働いた。邦字新聞の記者を皮切りに、ジャーナリストとして活躍した清沢は、日本への帰国後も内外商業新報（現在の日本経済新聞）や東京朝日新聞などで健筆を振るった。とくに日米関係を専門とし、近代日本外交をめぐる著作も多い。

清沢は安曇野時代に、内村鑑三とも親しく、キリスト教に基づく自由教育を実践した井口喜源治《きげんじ》から学んでいる。清沢の場合もやはり、キリスト教的なバックボーンがそのリベラリズムを支えていたことは間違いないだろう（ただし、清沢自身はのちにキリスト教を棄てている）。また、ここまで論じた他の人物と同じく、帝国大学を中心とする近代日本のエリート教育システムとは終生無縁であった。

清沢の外交評論の特徴は、その視野の広さとリアリズムにある。彼はアメリカにおいて自ら日本人排斥の苦難を経験しつつ、それでも太平洋の両岸に向かい合う国として、日米両国が互いに「戦争することができない国」であると論じ続けた。日米間の戦争をあたかも運命的なものかのように論じる意見に対しては、政治的・経済的・社会的な根拠を示しつつ、「戦争は宿命にあらず」と主張した。清沢によれば、一人の個人も一つの国家の運命も、けっして完全には決定されていない。同じ国家といっても、政権を担う政党や政治家次第で大きくその政策は変化しうるのである。ローズベルトとウィルソンのように、アメリカもまた大統領次第で大きく変わった。「一国のリーダーシップが、その政策を変更しうるのである」(『アメリカは日本と戦わず』[16])。清沢のリベラリズムの根底にあったのは、人間はその運命を変える能力、すなわち自由を持つという信念であった。

そのために必要なのが、相互理解と寛容であった。清沢はその娘に対して、次のように書いている。「お前にただ一つの希望がある。それはお前が対手《あいて》の立場に対して寛大であろうことだ[17]」。清沢は国を愛すると言っても、その愛し方は多様であることを強調する。それはアメリカから帰国し、アメリカ風を吹かせていると批判され続けた清沢の実感であったろう。彼は自分こそが日本の前途を憂え続けた愛国者であると自負していた。これに対し、清沢の見るところ、日本の軍人や政治家、官僚にもっとも欠けているのは、他国の立場を理解する能力であった。清沢は相互を理解した上での寛容を強調し、さらに自分の精神の柔軟さを維持する「心の構え」としての自由を強調したのである。

清沢は「自由主義」を次のように正当化する。一つのものを絶対に正しいと信ずるときに、そこに進歩はない。自由主義以外には、自己に反対する学説と討議を許容するものはない。自由主義こそが、政治を行う上での「ウォ〔ワ〕ーキング・プリンシプル」である。社会を変革するというのは軽業師の仕事ではなく、「地味な石垣を一つ一つ積み重ねるようなものである[18]」。それが清沢にとってのリベラリズムであった。清沢は終戦を目前にしてこの世を去ったが、彼の目は敗戦後の新たな日本の建設に向けられていた。

なお、一点だけ加えておくとすれば、清沢にとっての「リベラリズム」はあくまで「心の構え」

であった。その意味で、彼の「リベラリズム」は第一義的には道徳的なものであった。その「リベラリズム」の基礎の上に清沢は外交評論を展開し、さらに経済政策としては「社会主義」を認めていた。一九三〇年代、世界恐慌からイギリスの労働党政権の成立、さらにアメリカのニューディール政策などの展開を踏まえた清沢は、議会制民主主義を前提に、政府による社会経済的役割の拡大を説く社会民主主義の立場をとるに至っていた。その意味で清沢は、イギリスの思想家トーマス・ヒル・グリーンらに強い影響を受けた同時代の河合栄治郎（一八九一―一九四四）らとともに、日本における「ソーシャル・リベラリズム」の源流にあった一人と言えるだろう。

日本リベラリズムの限界？

このように見るならば、たしかに近代日本のリベラリズムは、武田清子がいうように、一つの「稜線」であったのかもしれない。それはいくつかの屹立《きつりつ》したリベラリストを生み出したものの、多くの場合、必ずしも幅広い裾野（社会的支持）を持たない、孤立した存在であった。福沢も石橋も清沢も、程度の差はあれ、知識人の世界において（福沢の場合は庶民的な人気もあったが）高く評価され、広く尊敬された人物であった。しかし、大隈重信と連携し、立憲改進党などに力を持った一時期の福沢を除き、彼らが政党政治レベルで影響力を持ったことはほとんどなかった。近代日本において「リベラリズム」の政治勢力が確固として存在したかと言われれば、積極的に肯定するのは難しいだろう。

あるいは政治学者の丸山眞男らが「重臣リベラリズム」と呼んだように、西園寺公望や牧野伸顕など、明治の元老に連なり、宮中で一定の影響力を保持した「リベラル」勢力の存在を指摘することも可能だろう。たしかに彼らは外交政策において親英米的であり、日本における英国流の議会主義の発展に好意的であった。しかしながら、丸山が指摘するように、彼らにとって大切だったのはあくまで天皇への忠誠であり、軍国化の流れに対して十分な防波堤になることはできなかった。その意味ではやはり、「リベラリズム」と呼ぶにはあまりに無力であったと言えよう（そもそも「重臣」と「リベラリズム」が結びつくことが、一つの皮肉である）。

それでも、人間精神の自由を高く評価し、多様な意見や考えを相互に検討し、自由討議によってものごとを決することを何よりも重視する「リベラリズム」の伝統が、近代日本において存在したことの意義はけっして無視できるものではない。真理や道理を重んじ、そのためにも多様性と寛容を重視した「リベラリスト」たち、人間や国家の運命を決定論的なものとして捉えず、置かれた環境の拘束の下、それでも自らの力で少しずつ変化させていくことで未来への展望を切り開こうとした「リベラリスト」たち。彼らが存在したことは、近代日本の大きな資産である。またここで論じたもののうち、石橋のように、政界に進出して戦後日本の建設に自ら寄与した人物もいる。その意味では、近代日本のリベラリズムをけっして軽視することは許されないだろう。

（1）宇野重規編『近代日本思想選　福沢諭吉』ちくま学芸文庫、二〇二一年、一〇頁。

(2)同右、一二頁。
(3)同右、四一頁。
(4)フランソワ・ギゾー『ヨーロッパ文明史――ローマ帝国の崩壊よりフランス革命にいたる』安士正夫訳、みすず書房、二〇一四年。
(5)前掲『近代日本思想選　福沢諭吉』、七二頁。
(6)同右、九一頁。
(7)同右、二七頁。
(8)福沢門下の小幡篤次郎は『アメリカのデモクラシー』の抄訳を『上木自由之論』として刊行している。
(9)増田弘『石橋湛山――リベラリストの真髄』中公新書、一九九五年。なお、師の田中王堂には『福沢諭吉』という著作があり、その第一章には「福沢に還れ」という標語が掲げられている。
(10)石橋湛山『湛山回想』岩波文庫、一九八五年、三〇頁。
(11)松尾尊兊編『石橋湛山評論集』岩波文庫、一九八四年、二〇頁。
(12)ルイ・メナンド『メタフィジカル・クラブ――米国100年の精神史』新装版、野口良平ほか訳、みすず書房、二〇二一年。
(13)前掲『石橋湛山評論集』、一三〇頁。
(14)武田清子『日本リベラリズムの稜線』岩波書店、一九八七年、二〇頁。
(15)清沢の生涯とジャーナリストとしての活動については、北岡伸一『清沢洌――外交評論の運命　増補版』(中公新書、二〇〇四年)を参照。
(16)山本義彦編『清沢洌評論集』岩波文庫、二〇〇二年、一六五頁。
(17)同右、一八一頁。

（18）同右、三一四―三一七頁。

3　現代日本のリベラリズム

戦後日本におけるリベラリズムの消失

このように戦前の日本を振り返れば、「リベラリズム」という名にふさわしい何人かの思想家や言論人を見出すことが可能である。リベラリズムをどのように定義するのであれ、福沢諭吉、石橋湛山、清沢洌を「近代日本のリベラリスト」と呼ぶことに、大きな反論はないはずだ（さらにこのリストに別の名前を加えることも難しくない）。

ところが、戦後日本社会において誰を「リベラリスト」と呼ぶかを考えるとき、多くの人に迷いが生じるのではなかろうか。前節でも触れた丸山眞男はリベラリストかもしれない。あるいはその師であり、戦前は軍国主義に抵抗し、戦後の教育改革にも影響を与えた南原繁（一八八九―一九七四）もその候補であろう。さらにプラグマティズム研究から出発し、『思想の科学』や「ベトナムに平和を！　市民連合」（べ平連）の活動でも知られる鶴見俊輔（一九二二―二〇一五）を思い浮かべる人もいるかもしれない。しかし、はたして彼らの思想を「リベラリズム」と呼ぶのがもっとも適切なのか、やや心もとない気がするのは私だけではないだろう。戦後日本で「リベラリズム」を論じることは、必ずしも容易ではないのである。

第一の理由は、日本社会の変容である。すでに触れたように、福沢が「リベラリスト」になるにあたっては、彼が一度は幕臣となり、維新後も薩長による新政府と距離を保ったことが大きい。石橋については、仏教やキリスト教のバックボーンがあったこと、私学出身で明治の官僚養成システムと無縁だったことを指摘した。清沢に至っては、そもそもアメリカ滞在が長く、日本の外部で基本的な価値観を養ったことが、彼の「リベラリズム」形成につながっている。その意味で、彼らはいずれも明治の政治体制やそのエリート養成システムの「外部」に根拠を持った人間であった。その「外部」性こそが、彼らの「自律」と「自由」への希求を支えたのである。

しかしながら、このような「外部」性は敗戦による体制崩壊により失われていく。薩長の藩閥と結びついた元老や重臣の制度はなくなり、「皇室の藩屏《はんぺい》」としての華族制も過去のものとなった。国家神道へと至る皇室中心の宗教体制は少なくとも制度的には崩壊し、新興宗教を含む、多様な宗教は次第に反体制的な性格を持たなくなっていく。戦後の教育改革と高度経済成長を通じて、大学は閉鎖的なエリート養成システムからより大衆的なものへと変質した。これらはたしかに民主化であり、平等化であったが、その一方で、体制を批判する「リベラリズム」の立場を希薄化したとも言える。

第二は、「リベラリスト」の世代交代である。それを象徴するのが、丸山の「重臣リベラリズム」論である。第一章で触れたように、西園寺公望や牧野伸顕らは元老や側近として天皇を輔弼しながら、親英米外交の推進や日本の政党政治の発展に寄与した。彼らの志向をある意味で、戦前における「リベラリズム」と呼ぶことも可能だったかもしれない。しかしながら、丸山はこの「重臣リベラリズム」に対してあくまで批判的であった。彼らは天皇制という枠内において思考し、行動した。それゆえの限界と弱さを持った「リベラリズム」は、軍国主義の台頭に対して妥協を繰り返し、確固とした防波堤にはなりえなかったと丸山は批判する。(1)

第三に指摘すべきは、議論の座標軸の変化である。一九五五年、保守合同によって自由民主党が発足するが、以後、長く続く自民党の一党優位体制に対抗する野党勢力は、「リベラル」ではなく、「革新」と呼ばれることになった。これは言うまでもなく、自民党結成に先立って左右の社会党が統一し、以後、社会党が野党第一党の地位を守ったことによる。社会党は社会主義を掲げる革新政党であり、資本主義体制擁護の立場にある自民党と対立することになる。このような米ソ冷戦体制を背景とする社会主義と資本主義の対立の構図が、「リベラリズム」の位置づけをわかりにくくしたことは間違いない。

一方、「リベラル」はむしろ自民党内における一定の勢力を指す言葉として用いられるようになっていく。自民党発足にあたっては「自主憲法の制定」が議論されたが、これは保守合同の一方である日本民主党の主張が大きかった。吉田茂に由来する自由党はむしろ日本国憲法を前提に、「軽武装・経済国家」を目指したが、この非改憲・非軍事志向の保守勢力を指して「(保守)リベラル」という呼び方が次第に定着していった。このような「リベラル」に代わる「革新」の台頭と、「リベラル」の保守化が、戦後日本における「リベラリズム」の語りを難しくしたと言えるだろう。

丸山眞男の「リベラリズム」

しかし、それでもなお戦後日本における「リベラリズム」の軌跡を追うならば、やはり取り上げるべきなのは丸山眞男だろう。丸山については「戦後民主主義」の担い手であるという評価が定まっている。その一方で、苅部直の『丸山眞男――リベラリストの肖像』のように、あくまで丸山を「リベラリスト」として描き出した研究もある。(2)本章では、「リベラリスト」としての丸山を全面的に論じる余裕はないが、前節で扱った福沢諭吉との関連で、丸山の「リベラリスト」としての一側面を示したい。

すでに触れたように、石橋や清沢もまた福沢の影響を強く受けており、その意味で近代日本の「リベラリズム」の歴史は、福沢の影響を受けた人々の系譜とも重なる。丸山もまた福沢への傾倒が著しい一人であった。師である南原の示唆を受け、日本の古典を読み出した丸山にとって、その多くは退屈なものに感じられた。そのような丸山に、格別に輝いて見えたのが福沢である。実際、丸山はその生涯を通じて持続的に福沢について書き続けた。(3)その意味では、丸山の福沢論は、その時々の丸山の問題意識を示す一つの指標の役割を果たしていると言える。

戦前における丸山の福沢論としては、「福沢諭吉の儒教批判」(一九四二年)がある。その内容はタイトルの指し示す通りであり、封建社会において人々の思考を決定した「思惟範型」としての儒教に対する福沢の批判を検討したものである。丸山によれば、福沢の採用した方法は典型的なイデオロギー批判であった。すなわち、福沢は、儒教が固定的に捉えた君臣関係を歴史的に相対化し、「忠臣義士」が実際のところは俗物の「偽君子」であることを暴露し、さらに江戸時代に学問はあっても、それが十分に政治権力から自立していなかったことを批判した。このような福沢の儒教批判に、丸山が精神的抑圧を強める同時代の軍国主義体制への批判を読み込んでいたことは明らかだろう。

敗戦直後の福沢論としてはまず、「福沢に於ける「実学」の転回」(一九四七年)がある。福沢は伝統的な学問の非実用性を批判し、「実学」の重要性を唱えたが、丸山はこれを単なる実用性の重視として理解してはならないと説いた。それはむしろ、自然と人間を貫く「理」を強調し、人間の自然への合一を強調した朱子学を批判し、客観的自然と対決して自らの主体性を確認した「近代理性」の出現を意味したと丸山は論じた。

続く「福沢諭吉の哲学」(一九四七年)では、『文明論之概略』における「議論の本位を定むる事」に注目し、そこに福沢における価値判断の相対性の視点を見出そうとする。ものごとを固定化して捉えず、多様な文脈においてその意義を問い直す自由な精神のありようは、丸山に言わせれば「プラグマティズム」(!)につながるものであり、人間精神の主体的能動性の尊重と裏合わせであった。逆に、状況が変化し、当初の意義が失われたにもかかわらず、ある時点における価値規準を絶対視することを、丸山は福沢の言葉を使って「惑溺」と呼ぶ。固定的な社会における「権力の偏重」を批判し、「惑溺」の克服を説いた福沢は、丸山にとって主体的独立と多元的自由の擁護者にほかならなかった。

このように丸山にとっての福沢は、「近代理性」と「日本のリベラリズム」を象徴する人物であった。その一方、丸山は福沢の議論における「非合理」的な側面についても言及しているのが興味深い。例えば「痩我慢の精神」である。

よく知られているように、福沢は「丁丑《ていちゅう》公論」において西郷隆盛の擁護を行っている。西南戦争に敗れ、賊軍とされた西郷であるが、福沢に言わせれば、それは「抵抗の精神」の発露でもあった。すでに触れたように、福沢は不平士族の新政府に対する反発を全否定するのではなく、むしろそれを地方自治の精神へと転換することを試みた。その意味で西郷の「抵抗の精神」には、肯定されるべきものが含まれていた。同じく「痩我慢の説」では新政府に恭順し、出仕した勝海舟や榎本武揚らを「痩我慢」の欠如として批判している。丸山はこのような「痩我慢の精神」が、それ自体は非合理的なものであっても、それゆえの生命力によって、むしろ一定の役割を果たしうると論じている。(4) ある意味で丸山は福沢読解を通じて、非合理の精神こそが「リベラリズム」を支えていると考えていたようにさえ思える。

さらに丸山は「福沢諭吉の哲学」において、福沢が人生を一つの「戯れ」であると論じたことに注目している。福沢によれば、人間は宇宙を前にしたとき、「蛆虫《うじむし》」のような存在に過ぎない。その人生もまた「戯れ」である。しかし、それでは人生は無意味かと言えばそうではない。「戯れ」だからこそ「真面目」に生きろというのが、福沢の弁証法的な思考であった。その意味でいえば、硬直的な発想で思考停止するでもなければ、人生の虚無や無意味に絶望するのでもない。そのような柔軟な精神のありようを丸山は「自由」として捉えていたのかもしれない。

丸山はやがて大衆社会へと向かう日本において、あくまで「個」の自由を説いた思想家である。自らの置かれた多様な生の条件の下で、個人が主体的であり、自律的であり続けることの意義を希求した丸山を、戦後日本の「リベラリスト」と呼んでもけっして不当ではないだろう。

政治家石橋湛山と「保守リベラル」の行方

戦後日本の構想を持ちながら、ついに終戦後の社会を見ることなくこの世を去った盟友の清沢洌と対照的に、戦時中の逼塞を生き延び、ついには首相の座を獲得するに至ったのが石橋湛山である。東洋経済新報社社長として敗戦を迎えた石橋は、一九四五年の八月二五日、「更正日本の門出／前途は実に洋々たり[5]」と論じた。植民地を失い、奇しくも「小日本主義」が実現した日本について、平和と科学の上に新たな未来像を示そうとしたのである。

意外なことに、石橋を待ち受けていたのは政治の世界であった。戦争がなければ、また敗戦後の政治家の公職追放がなければ、戦争が終わった時点ですでに六〇歳を過ぎていた石橋が政治家になることはなかったかもしれない。しかしながら、極度な人材難に陥った政界が、戦時中から敗戦後の経済運営について、大蔵省を巻き込みながら検討を重ねていた石橋を放っておくわけがなかった。社会党を含む複数の政党からのアプローチを受けた石橋が選んだのは、しがらみがなく、「自由にものを言えた」鳩山一郎の自由党であった。石橋は一九四六年の衆議院議員選挙に出馬して落選したものの、鳩山が公職追放を受けた後、吉田茂が自由党の総裁として組閣した内閣において、大蔵大臣となった。

デフレを抑えるための積極財政は「石橋財政」と呼ばれる一方、「インフレ財政」との批判もつきまとった。ケインズ理論に基づくその政策は、同時代的には必ずしも十分に理解されることがなかったと言える。むしろ戦時補償打ち切り、石炭増産、終戦処理費問題などにおいて石橋はGHQと正面から対決し、後の公職追放へとつながっていった。それでも、この時期の石橋に顕著なのは、エコノミストとしての経歴に基づく財政家としての自負であり、敗戦国であるにもかかわらず、アメリカに対して日本の自立性・主体性を維持しようとした確固とした姿勢であった。その点で、あくまで「良き敗者」として振る舞い、対米協調の下での日本の復興を目指した吉田茂との違いは明らかであった。このことが両者の政治的立場の違いにつながり、やがて石橋は鳩山一郎との連携を深めていった。追放解除後も石橋は、鳩山と行動を共にして反吉田の立場をとることになる。

興味深いのは、石橋と池田勇人の関係である。池田といえば吉田の後継者であり、「軽武装・経済国家」の路線を継承していわゆる「保守本流」を形成したという評価が一般的である。しかしながら、同時に池田は石橋との縁も深く、石橋蔵相の下での大蔵事務次官に始まり、後の石橋政権でも蔵相として内閣の中枢を担っている。池田は財政家としての石橋を深く尊敬し、石橋政権発足にあたっても中心的役割を果たすなど、石橋直系の政治家とも言える。石橋と吉田は経済的自由主義を同じくしたが、よりケインズ主義的であり、積極財政の立場をとった石橋こそが、池田財政の原点にあったということも可能である。

鳩山政権において（本人の意に反して）通産大臣になった後、一九五六年、自由民主党の事実上、最初の本格的な総裁選に出馬した石橋が、事前の予想に反して「二位・三位連合」によって岸信介を破ったエピソードは、あまりに有名であろう。にもかかわらず、病に倒れ、わずか六五日で首相の地位を去ったことも、よく知られた事実である。とはいえ、戦前のリベラル派を代表する石橋が、一度は政権の座についたことの意義は小さくない。それは日本の「リベラリズム」の体制内化を示すものであり、戦後日本の保守政治のなかにあって「保守リベラル」の立場が一定の地歩を築いたことの現れでもあった。

すでに指摘した池田勇人の宏池会にしても、その精神的な起源は吉田以上に石橋に見出せるかもしれない。すなわち、日本国憲法を戦後日本の精神的基盤として評価し、新憲法体制を積極的に擁護したこと、自由を重視し、戦前における軍国主義を厳しく批判したこと、さらに経済的自由主義に立ちながらケインズ的な積極財政の立場をとったことなどを石橋の政治的遺産として評価することができるだろう。これに、日中間の関係強化に努めたことなどを加えることも可能である。これらは吉田茂の路線とも、あるいは岸信介の路線とも異なる、石橋独自の「保守リベラル」の路線であった。この路線は池田や宮澤喜一らによって継承され、日本の保守政治における重要な構成要素の一つとなったと言える。

「リベラル」の再浮上と混乱

このように日本の戦後政治において基本的な政治的座標軸は、「保守」と「革新」の対決とされ、その間にあって「リベラル」は埋没し、その一部が保守党内における「保守リベラル」として残るのみであった。しかしながら、そのような状況は冷戦の終焉とともに大きく変わることになる。社会主義体制の崩壊によって「革新」のイメージが後退し、むしろそれに代わる政治的ラベルとして「リベラル」が復権することになったのである。

一九九〇年代の政界再編において社会党が大きく党勢を衰えさせるなか、その一部の議員は「リベラル」の名の下に生き残りをはかった。これに自民党内における「保守リベラル」が加わり、一つの政治勢力となったのである。九〇年代半ばの自社さ（自民党・社会党・新党さきがけ）政権は、その結果でもあった。同政権の崩壊後も、このグループの一部は新たな民主党に合流し、主導的な役割を果たした。一方、自民党内の「保守リベラル」を代表した池田勇人以来の宏池会は、宮澤喜一政権の終焉と、同派の後継者加藤紘一の失脚（加藤の乱）によって二〇〇〇年代以降、長期の低迷に入っていった。

このような一九九〇年代の動きは、現代日本において、「リベラル」を語る上での独特な難しさの原因の一つとなっている。

第一に、「リベラル」という際に、かなりの程度、それ以前の「革新」の内容を含むようになったことである。すでに指摘したように、「革新」とは資本主義（自由主義）と社会主義という体制選択を前提にしており、米ソ冷戦下のイデオロギー対立を反映したカテゴリーであった。政治経済体制の選択という争点は戦後日本において早期に意味を失ったが、自衛隊や日米安全保障条約の位置づけをめぐる論争として、以後も意味を持ち続けた。とくに憲法第九条をめぐる「護憲」の立場と、日米安保体制に対して批判的な姿勢が、「革新」という枠組みを経由して、「リベラル」のなかに合流したことが重要である。

第二に、これと関連して、「リベラル」という言葉の内実が曖昧になってしまったことが指摘できる。見方によっては、「リベラル」とはそれまでの「革新」のほぼ同義語である場合もあれば、自民党内における「保守リベラル」を指して「リベラル」という場合もある。さらには、より欧米的な文脈において「リベラル」を語る場合もあるだろう。この最後の場合、現代アメリカにおいては、基本的な自由の価値観を前提に、古典的なリベラリズムの「小さな政府」を重視する共和党的な「保守」と、より政府の積極的役割を強調する民主党的な「リベラル」とが区別される。この意味での「リベラル」が日本の議論にも導入され、結果として議論の混乱にさらに拍車をかけることになった。

第三に、もっぱら政治的・経済的な含意から「リベラル」を語る場合と、むしろ社会的・文化的な含意から「リベラル」を語る場合とのずれがある。もともとの「革新」においても一九七〇年代以降は、憲法や安全保障の争点に加え、環境問題やジェンダー平等の重視、管理社会の批判、さらに多様なエスニック・アイデンティティの包摂などへの関心が強まっていった。このような新たな社会的・文化的争点はそのまま「リベラル」の問題意識にも継承されたが、より伝統的な政治的・経済的争点を重視する立場とのずれを拡大していくことにもなった。

政治的・経済的な関心と社会的・文化的な関心は必ずしも矛盾するものではないが、日本の場合、世代間における違いを生み出す傾向が強い。すなわち、より若い世代の「リベラル」においては、政治的・経済的争点よりは社会的・文化的争点の方への関心が圧倒的に強く、上の世代の理解とのずれを生み出しているのである。このこともまた現代日本において、「リベラル」を語ることの難しさにつながっているだろう。

日本の「リベラル」の行方

このように日本において「リベラル」を語ることは、いまもなお難しい。結果として、人はそこに議論の混乱、立場の曖昧さを見出し、非現実的な理想主義と政治的無力を嘲笑《わら》う。「リベラル」の名の下に「革新」や「戦後民主主義」の不毛をイメージする人もいれば、現代的な「ポリティカル・コレクトネス」の文化の行き過ぎを批判して「リベラル」を叩く人もいる。いずれも自らの攻撃したいものを攻撃し、論難したいものを論難しているに過ぎず、攻撃や論難の対象は、実際のところ人それぞれである。

しかしながら、本章での議論を振り返るならば、「自由」とは本来、他人の恣意的な意志に従属することなく、自分のことを自分で決めることを指す。また「リベラリズム」とは正義や公正、他者への配慮など普遍的な価値へのコミットメントを意味した。このような意味での「自由」や「リベラリズム」は、いまや世界的な共通の価値観となりつつあり、日本においてもこれに共感する人が圧倒的多数であろう。「リベラル」を揶揄して、結果的にこのような「自由」や「リベラリズム」の価値を毀損《きそん》することになれば、それは日本社会にとっての重大な損失である。格差が拡大し、社会的分断の深まる現代日本にとってはなおさらである。

むしろ私たちは近代日本の「リベラリズム」の豊かさに驚くべきではないか。日本社会に根深い「権力の偏重」への批判と、これに対する「独立自尊」の気概の強調（福沢諭吉）、軍事的野心を放棄する「小日本主義」と、それのための「一切を棄つるの覚悟」（石橋湛山）、さらに人間や社会が自らの運命を変える能力と、相互理解や寛容への信念（清沢洌）、これらはいずれも近代日本の「リベラリズム」のきわめて貴重な思想的遺産である。

さらに清沢や河合栄治郎らによる「ソーシャル・リベラリズム」の可能性も、今後掘り下げるべき課題として残っている。個人の多様な価値観を前提に、それぞれの個人が自らの生き方を選択し、その人なりに納得のいく人生を送る上で、国や社会はいかなる支援を行うべきか。このことに「リベラリズム」の現代的意義がかかっていることは言うまでもない。鍵は個人の多様で自由な生き方と、それを支える社会の厚みである。近代日本の「リベラリズム」の遺産を継承し、現代日本にふさわしい「自由」のかたちを見つけることは、私たちにとっての重要な責務である。

（1）藤田省三『異端論断章』（藤田省三著作集10）、みすず書房、一九九七年、九六―九七頁。
（2）苅部直『丸山眞男――リベラリストの肖像』岩波新書、二〇〇六年。
（3）そのうちの主要なものは、松沢弘陽の編集による、丸山眞男『福沢諭吉の哲学 他六篇』（岩波文庫、二〇〇一年）に収録されている。
（4）丸山眞男「解題」『福沢諭吉選集』第四巻、岩波書店、一九五二年。
（5）松尾尊兊編『石橋湛山評論集』岩波文庫、一九八四年、二五七頁。

第三章　二一世紀の福沢諭吉

福沢諭吉をどう読むか

第三章では福沢諭吉（一八三五―一九〇一）を取り上げる。

二一世紀の今日、私たちは福沢諭吉をどのように読むべきであろうか。福沢と言えば、まず『西洋事情』や『学問のすすめ』などの著作を通じて、近代日本における西洋理解を進めた啓蒙思想家というイメージか、あるいはそれとも重なるが、慶應義塾を創設して明治政府の有司専制に対抗し、「私立」や「民権」の重要性を説き、人材育成に励んだ教育家というイメージが思い浮かぶだろう。これらのイメージはけっして間違ってはいないが、この魅力的な人物を捉えるにあたっては、必ずしも十分な枠組みではないと思われる。

福沢の書いたテキストを読み直すならば、その独特なリズム感に驚くはずだ。躍動するような文体を読むうちに、読者は福沢の思考のリズムに乗せられ、自分の思考が活性化していることに気づく。抽象的な話をしているかと思えば、突如として思いがけない具体例が飛び出し、取り上げられる話題も実に幅広い。明治社会のきわめて時事的な問題が取り上げられるかと思えば、一転して中国や日本の古典や歴史に話が及び、そこから個人や国家のあり方をめぐる根源的考察が引き出される。今から思えば偏見だと思う書きぶりも少なくないが、現代を生きる私たちの状況をずばりと言い当てていて、思わず喝采したくなる指摘に満ちている。言葉の本質的な意味で、福沢は「思想家」であると思う。

福沢のテキストを二一世紀に読み直すにあたって、その魅力を三つのポイントに絞って論じたい。

文明転換期の知的格闘の証言

第一は、歴史的に絶妙なタイミングである。福沢が生まれたのは一八三五年、後に徳富蘇峰（一八六三—一九五七）が「明治の青年」と対比して「天保の老人」と揶揄した世代にあたる。時代の転換についていけなかった旧世代に対する批判であるが、福沢が『文明論之概略』で「一身にして二生を経《ふ》るがごとく」[1]と述べたように、江戸と明治という二つの大きな文明の転換期にあって、その両方を経験したことは、むしろ肯定的な意味を持つのではないか。

なるほど蘇峰や夏目漱石（一八六七—一九一六）の世代もまた、幼少期には四書五経、あるいは『史記』や『春秋左氏伝』を読むなど、漢学の素養を得た上で西洋文明に接した点では変わりがない。しかしながら福沢が二〇歳を過ぎてからようやく蘭学に接したように、江戸の伝統的な武士的教育を受けて成人した世代はより明確に、そしてより自覚的に文明の転換に立ち向かうことになった。まして、一八七〇年代以降に生まれた人々が最初から翻訳を通じて西洋文明を学んだのに対し、福沢らは自ら訳語を考案するなど、まさにゼロからの異文明体験をした世代である（訳語を選ぶにあたって、彼らの漢学の教養が重要な背景となっている)。その知的格闘の営みそれ自体が、異なる文明との遭遇を証言し、そこで起きた事態をよく示していると言えるだろう。逆に、福沢のテキストを読むことで、私たちは異なる知の地層と地層とがぶつかり、折り重なる現場を見てとることができる。

よく知られているように、福沢は society を「人間交際《じんかん》」と訳した。この言葉を自動的に「社会」と訳してその意味を深く考えない私たちと違い、権力による垂直的な支配・服従の関係と異なる、平等な人間相互の関係を指し示す概念として、福沢はこの言葉を深く捉えていたことがわかる。また福沢は right を「権理通義」と訳している。「権利」という言葉につられて、ややもすれば自己利益に傾斜してこの概念を捉えがちな私たちに対し、福沢はこの概念に文字通り「正しさ＝義」を見出していると言えるだろう。その意味で、「実は福沢の方が正しかったのでは」という反省を私たちに促すのが、福沢のテキストである。さらに「塾」や「社中」といった言葉遣いが、むしろ西洋語の association を想起させるなど、文明間の意外な接点を見つけられるのも福沢のテキストを読む楽しさである。

政府と市民社会の間に立つ

第二に、政治的立ち位置である。福沢といえば「私立」や「民権」の人であり、藩閥政府に対抗して民間の力を発展させようとした人物として知られる。が、その福沢も、最初から政府に対して距離を置いたわけではない。例えば福沢は一八六四（元治元）年に幕臣となっているが、この時期に「大君のモナルキ」を唱え、軍事力を含め幕府の力を強化する立場をとっている。外国勢力の力を借りてでも長州征伐を完遂することを主張するなど、後年の福沢とは正反対の中央集権的な絶対主義者である。幕府の使節団の一員としてアメリカ、そしてヨーロッパを訪問した福沢にとって、文明化を推進するためには、幕府権力の強化が必要であった。

そのような福沢も、第二次長州征伐の失敗以降の幕府には希望を持てなくなる。かといって攘夷を唱える薩長勢力は問題外であった。この時期、医師の緒方洪庵門下の同窓であり、長州出身の大村益次郎（村田蔵六）の攘夷ぶりに福沢が驚いた話は有名である。同じ師の下で学んだ二人の精神的資質は、かくも対照的であった（ただし、後年の「痩我慢の説」などを思えば、二人の間に相通じる側面がなかったわけではない）。

上野の山で彰義隊と薩長勢力がぶつかるなか、動揺する学生たちに福沢が学問に集中することを説き、フランシス・ウェイランドの『経済学原論』を読み続けたという逸話は象徴的である。そのような政治的挫折の結果、政府との独自の距離の取り方は次第に固まっていった。ある意味でそれは、「大君のモナルキ」構想の失敗の結果でもあった。福沢は自覚的に政治を相対化し、個人の自立に依拠する市民社会の構想を温めていったのである。

その後、幕府の洋学知識人たちが新政府に出仕し、新たな明治国家の建設に協力していったのに対し、福沢は何度声をかけられても、その要請に応えることはなかった。自覚的に「私立」の立場を選んだのであり、その点で、『明六雑誌』の仲間であった西周《にしあまね》、西村茂樹、津田真道、中村正直らとの違いは大きい。政府が権力を独占し、学問もまたその権威に従属することを、福沢は良しとしなかったのである。この点で福沢は、明治はもちろん、現代に至る日本の歴史を見ても、きわめて顕著な「市民社会」主義者であった。

明治一四年の政変により、盟友であった大隈重信が政府から排除され、矢野文雄や犬養毅、尾崎行雄ら慶應義塾出身者が官職から追い出されることで、このような姿勢はさらに確固としたものになった。

ただし、このことは、以後の福沢が、単に政府を批判するだけの人物になったことを意味しない。福沢は政策提案という意味で、つねに明治政府への協力を惜しまなかった。確執のあった伊藤博文に対しても、福沢は一方的に門を閉じることはなかった。文明化を推進する政府の役割を否定しなかった福沢であるが、政府と市民社会の明確な役割分担については、これを一貫して志向し続けたのである。

近代日本における独特な自由主義者

第三に、福沢の自由の精神である。近代日本の思想家のなかで、福沢ほどリベラリストの名にふさわしい人物は少ないのではないか。すでに触れたように、天保年間に誕生した福沢であるが、その生地は大阪（大坂）の堂島新地である。父の百助が、商人を相手に藩の借財を処理する職務にあったことから、豊前国中津藩の蔵屋敷がその生誕の場所になったのである。とはいえ、百助は儒学者であり、念願の『上諭条例』を手にした喜びから息子に諭吉という名前をつけたように、その宿願は職務と別にあった。にもかかわらず、勤勉に職務にあたった百助は身分の格差の激しい同藩で苦労し、報われることがなかった。後年、諭吉が「門閥制度は親の敵で御座る」(『福翁自伝』)と語ったように、生まれによって職業や身分が決まる封建社会に対する怒りこそが、諭吉を自由の思想家へと成長させるきっかけとなった。

『学問のすすめ』冒頭の有名な文章で、福沢は「天は人の上に人を造らず、人の下に人を造らずと云えり(2)」と説いている。とはいえ、続いて「ただ学問を勤めて物事をよく知る者は貴人となり富人となり、無学なる者は貧人となり下人となるなり」とあるように、福沢は貧富の差を自明視しており、それを学問の有無によって正当化しているとも取れる。このあたりの直截な物言いが、福沢の人気の理由でもあり、同時に嫌われる理由でもあろう。ただし、これをもって福沢を格差の肯定論者として捉えるのは一面的である。

学問をしたかった父が、その思いを抑えて職務を忠実に果たしたにもかかわらず、それに報いることのなかった固定的な封建社会、それこそが福沢の怒りの対象であった。大切なのは個人であり、その独立である。身分制秩序や、それに基づく人間関係から個人を独立させること、そして逆にそのような個人が自由に活動できるような社会を発展させることこそが、福沢の目指したものであった。

福沢がときに露悪的なほど金銭欲を肯定したのも、このことと無縁でない。各人が自由に自己利益を追求して他人に迷惑をかけず、それがむしろ秩序を可能にするならば、そのような社会こそがむしろ文明の名に値するのではないか。そう考えていたからこそ、福沢は江戸の戦火の下でなお、ウェイランドの『経済学原論』を読んでいた。ここに福沢の凄みが見えてくるはずだ。

しかも、福沢はこのことを単なる自己利益の肯定に終わらせず、一つの精神の哲学へと昇華していった。戦後日本を代表する政治学者の丸山眞男の福沢好きは有名であるが、丸山が強調するのは、福沢が「惑溺」という言葉を多用する点である[3]。固定的な閉鎖社会において、人は自らの思考や価値判断を絶対化する。これに対し開かれた社会関係において、人の思考はより闊達《かったつ》に、ダイナミックになる。福沢が「惑溺」と論じたのはこのような自らの価値判断の絶対化であり、その目的は秩序や制度の自己目的化を批判することにあった。丸山が福沢の自由論の鍵として「惑溺」を見出したのは、やはり慧眼であったと言えるだろう。

「権力の偏重」からの独立

福沢の他の論考についても、いくつかのグループに分けてコメントしておきたい。第一のグループは、『学問のすすめ』『文明論之概略』『民情一新』「尚商《しょうしょう》立国論」である。

『学問のすすめ』で有名なのはまず、初編の「天理人道に従いて互いの交を結び、理のためには「アフリカ」の黒奴にも恐れ入り、道のためには英吉利《イギリス》、亜米利加《アメリカ》の軍艦をも恐れず[4]」であろう。

当時の国際社会の状況（やその偏見）を反映した福沢らしい表現であるが、重要なのは「理」の強調である。学問の目的は物事の道理を理解することにある。このような指摘に、人に従うのではなく「理」に従うならば、列強の力とて恐れるに足らないという福沢の強い自負を見出せるだろう。朱子学的な「理」という言葉を用いると同時に、自由とは道理の下で他人を妨げることなく享受しうるものであり、平等とは「権理通義」が等しいことを指すという福沢の論旨は明快である。

もし西洋列強が道理に反するならば、交流する必要はない、ただ打ち払うだけだとさえ福沢は言う。「一身独立して一国独立する」(5)という言葉が登場するのも、このような文脈においてであった。独立するためには他人に依存しないこと、言い換えれば経済的な自立が必要であるし、さらには自由独立の気風、「スピリット」が求められる。まずは自己の独立を実現し、余力があれば他人の独立を支え、さらには一国の独立を維持すべきであると福沢は主張する。

印象深いのは、四編の学者職分論であろう。政府には政府の役割が、人民には人民の役割があり、両者は対等である。このように説く福沢は、学者が卑屈になり、政府の専制に屈することを批判する。政府ばかりが強くて、国民不在であるならば意味はない。「人間の事業は独り政府の任にあらず、学者は学者にて私に事を行うべし(6)」と宣言し、官途につき、官に仕えることを喜ぶ学者を批判しているのは、福沢の真骨頂であろう。

『文明論之概略』も読みどころ満載であるが、ここでは第九章の「日本文明の由来」を取り上げたい。その前章において、西洋文明の発展が単一の原理に支配されることなく、むしろ多元的な原理が競い合ったことに由来すると分析した福沢は（すでに述べたように、このような洞察はフランソワ・ギゾーの『ヨーロッパ文明史』から得たものである）、その対比において、日本社会を支配する「権力の偏重」を批判する。

福沢に言わせれば、師弟、主従、貧富貴賤、新参故参、本家末家など、「日本にて権力の偏重なるは、あまねくその人間交際の中に浸潤して至らざるところなし」[7]。人は至るところに序列を見出し、卑屈に従うが、それこそ「独立自尊」を説く福沢にとって我慢できないものであった。日本においても、貴族から武士の世へ、さらに武士の世でもさまざまな栄枯盛衰があったが、治者と被治者の関係は変わらなかった。豊臣秀吉が百姓から関白になっても、彼だけが偉くなったのであって、百姓一般の地位が高くなったわけではない。宗教も学問も等しく「権力の偏重」に屈し、独立した宗教や学問は不在である。見られるのは「精神の奴隷（メンタルスレーブ）」だけであると福沢は嘆く。はたしてこの福沢の嘆きは過去のものになったと言えるだろうか。

地方自治の習慣と政権交代

第二のグループは、『分権論』『通俗民権論』『国会論』である。ある意味で、福沢の政治論を堪能できるのがこの部分である。

福沢の政治論の一つのポイントは、その担い手である。福沢の見るところ、士族以外の諸身分は長く政治から排除され、「政治の生なき者」であった。維新を成し遂げたのも士族の力が大きかった。しかしながら、その内で新政府に地位を占めたものは一部に過ぎず、野にあり不平不満を抱く者も少なくない。福沢がとくに注目したのは、地方にある守旧的な旧士族である。中央集権が進む一方で、地方に残された彼らは暴発するか、あるいは逆にその気力を失い停滞しかねない。彼らを無用の長物にするか、新たな政治的人材の供給源にするかが鍵であると福沢は指摘した。

きわめて興味深いことに、この文脈で福沢はアレクシ・ド・トクヴィルの『アメリカのデモクラシー』に言及する。国の全体的利害や外交に関する「政治の集権」と、特定の地域にのみ関わることまでを中央政府が決定する「行政の集権」の区別であり、これを福沢は「政権」と「治権」と訳している。トクヴィルは、前者は国家の統一のために不可欠であるが、後者はむしろ国民の自立心を奪うと警告した。福沢はこのトクヴィルの議論に全面的な賛意を示し、時間をかけて日本に「治権」の習慣を定着させたいと説く。地方自治の習慣の確立と不平士族の処遇を結びつけて論じたところこそが、福沢の卓見であったと言えるだろう。

このような視座に基づき、福沢はまず地方に民会を設立し、その後さらに中央の国会を実現する筋道を構想した。背景にあるのは言うまでもなく、西南戦争をはじめとする士族反乱であり、議会開設を訴える自由民権運動である。このような危機的状況にあって、福沢は『通俗国権論』とともに『通俗民権論』を執筆し、さまざまな政治的解決の課題を「官」のみに頼るのではなく、「民」の力で実現することを主張した。両者のバランスの上に一国の独立が可能になるというのが、福沢の信念であった。

その上で福沢は、『国会論』において、独自の政党論や政権交代論を展開する。不平がある「非政府党」を政治から排除してはいけない。不満のある人間をすべて排除することなどできないし、やっても状況を悪化させるだけである。政府と異見を持つことを憎むのではなく、むしろ公に議論を交わすことが重要である。権力をめぐる競争はけっして否定されるべきではないと福沢は説く。

その際に福沢は英国の政党政治をモデルとして示す。行政府と立法府を分離する米国の大統領制ではなく、両者をつなぐ英国の議院内閣制を推奨する福沢は、一定の主義を持った政党が時勢に応じて権力の座を交代することを主張する。その主義を貫いた上で選挙に敗れた場合は、決然とその地位を去り、再び世論の支持を得る日を待つ。「真にこれ大丈夫の競争にあらずや(8)」と福沢は議論を締めくくっている。

非合理な情念と権威

第三のグループは、「丁丑公論」「瘠我慢の説」『帝室論』『尊王論』である。「丁丑公論」は西南戦争の勃発した明治一〇(一八七七)年に執筆され、以後長く筐底《きょうてい》に秘してあったものを、福沢の死の数日前にようやく公開したものである。「瘠我慢の説」とともに、福沢は意外なことに「賊軍」のはずの西郷隆盛への共感を隠さない。一方で福沢は、幕末に抵抗することなく薩長勢力に屈したとして勝海舟を批判するが、この批判に対し勝が「行蔵は我に存す、毀誉《きよ》は他人の主張」として一切反論しなかったことは有名である。福沢の別な一面、あえて言えば非合理な情念がうかがえて興味深い。

世に大義名分と呼ぶものは、その実、ただ単に政府の命令に従っているだけのことが多い。西郷の反乱は現在の政府の大義名分に反しただけで、天下の道徳品行を損なったわけではない。むしろ西郷が示した抵抗の精神こそが、現在の日本において欠けているものではないか。惜しむらくは西郷には学問が欠け、武力による抵抗に走ったのは肯定できないが、自らの「権理」に基づいての抵抗はむしろ文明を発展させる。強者に立ち向かう弱者の「痩我慢」が今こそ大切であると説く福沢の議論は、それがどこまで説得的であるかはともかく、不思議と読むものの心を打つ。

「立国は私なり、公にあらざるなり[9]」という有名な言葉も、人類の視点からすれば国家の存在も相対化されるべきという主張にも読めるし、むしろ私情ではあれ、自分の国を支える非合理な感情を擁護するものにも読める。福沢を単に合理主義者として理解するものは、このテキストにつまずくだろう。

『帝室論』と『尊王論』も面白い議論である。一見すると合理主義者・福沢が天皇主義者・皇室主義者にでもなったかと思わせるタイトルであるが、福沢の議論のねらいは別にある。その主眼は天皇や皇室を政治社会の外部のものとして、政党間の争いを超えた存在にすることにある。天皇や皇室が国民に対して持つ精神的権威を重視した上で、それを機能的な政党政治と明確に区別するという発想は、ウォルター・バジョットの『英国憲政論』によるものであろう(『帝室論』にもその名の言及がある)。読み込んだ欧米の文献を自家薬籠中のものとし、日本の文脈にさらりとあてはめてみせるのは、福沢の得意とするところである。同時に、政治的対立はむしろこれを肯定し、天皇の権威と合わせることで政治体制に取り込もうとする福沢の政治的構想がうかがえて示唆的である。

残された課題

福沢は、現在の目からすれば問題を内包する文書も残している。例えば、「脱亜論」や「日本婦人論」である。「脱亜論」には「我は心において亜細亜東方の悪友を謝絶するものなり」[10]という一文があるし、「日本婦人論」ではいきなり冒頭により良い子孫を残すための「人種改良」が説かれていてギョッとさせられる。もちろん、「脱亜論」には福沢も支援した韓国における改革運動の挫折という文脈があり、「日本婦人論」の主眼はあくまで女性の地位向上であることを踏まえるべきであろう。とはいえ、福沢がこのような文章を書いたということを、私たちは客観的に受け止めなければならない。

はたして福沢が捉えた「亜細亜の固陋《ころう》」とは何であったのか。「儒教主義」といい「古風の専制」といい、福沢がそこに見出した屈折した思いを分析することは、アジアの未来を考える上で今後の課題である。また「日本婦人論」においては、単に女子教育の重要性を説くばかりでなく、家庭内の男女の平等を説き、女性が財産や参政権を持つことを示唆するなど、興味深い内容が多く含まれている。さらに女性の「快楽」の解放を説き、結婚にあたって男女の名前から「新苗字」を創造すべきであると主張するなど、さすが福沢だと思わせる主張も少なくない。その多様な側面を含め、福沢を読む必要がある。

いずれにせよ、福沢のテキストは私たちが自由について、政治について、市民社会について、そして何より精神の独立について考える上での、多くの示唆で溢れている。奔放な歴史的連想、自由で創意溢れる言葉遣い、たたみかけるような日本語のリズムを学ぶ上で、これ以上の教材はないと言える。「交通」によってますます一体性を増す世界のなかで、主体の独立と社会の多元性を説き続けた福沢の志を私たちは継承していかねばならない。

(1) 宇野重規編『近代日本思想選　福沢諭吉』ちくま学芸文庫、二〇二一年、四九頁。
(2) 同右、一〇頁。
(3) 丸山眞男「福沢における「惑溺」」『福沢諭吉の哲学 他六篇』松沢弘陽編、岩波文庫、二〇〇一年、二一九—二七〇頁。
(4) 前掲『近代日本思想選　福沢諭吉』一三頁。
(5) 同右、二七頁。
(6) 同右、四一—四二頁。
(7) 同右、六四頁。
(8) 同右、三七九頁。
(9) 同右、四二六頁。
(10) 同右、三八七頁。

第四章　福田恒存と保守思想

保守と保守主義

第四章では戦後日本の保守主義知識人としてしばしば名前があがる福田恆存（一九一二―一九四）を取り上げる。しかしながら、すでに触れたように、福田自身は自らを保守主義者として考えていなかった。「私の生き方ないし考へ方の根本は保守的であるが、自分を保守主義者とは考へない」(1)。

そもそも保守と革新は非対称的である。現状に不満がある人々が最初に革新派となり、その火の手が上がってはじめて保守派は自らを認識する。つねに先行するのは革新派であり、保守派は遅れて登場するのである。このような福田の言明は、フランス革命後にこれを批判し、後に保守主義の始祖と言われたエドマンド・バークの場合にもよくあてはまるだろう。しかも福田に言わせれば、革新派はイデオロギーを掲げるが、保守派にとって重要なのはイデオロギーではない。保守とは生活感情であり、態度であって、けっして主義ではないというのが福田の信念であった。

しかしながら、それでは福田はいつ「保守」の立場を自覚したのだろうか。評論家であり、翻訳家、劇作家、演出家としても傑出した仕事をした福田であるが、最初から保守派の知識人を標榜していたわけではない。むしろ東京電燈株式会社の「サラリーマン」を父に生まれた福田は、きわめてモダンな雰囲気のなかで育ったと言える。第二東京市立中学（通称二中、現在の上野高校）、旧制浦和高校を経て、東京帝国大学でイギリス文学を専攻した福田は、大正デモクラシーと戦前モダニズムという時代背景において成長したことになる。卒業論文のテーマは、後述するように、『チャタレイ夫人の恋人』で知られる英国の小説家D・H・ロレンス（一八八五―一九三〇）であった。

ただし、福田の伝記を書いた川久保剛の指摘によれば、[2]彼の父の職場環境はむしろ職人的なものであり、福田の親族にも職人が目立ったという。リベラルな教育環境において、熱意に燃える「善意」の先生から「自主精神」を押しつけられた福田は、密かに違和の思いを募らせたようである。それが後年、とかく理屈をつけ、自己を正当化する知識人たちに反発を覚え、むしろ江戸時代以来の職人や町人の暮らし方や考え方に共感することにつながったとしてもおかしくない。戦前から小林秀雄、田中美知太郎、清水幾太郎ら多くの知識人との交流を持った福田であるが、自分が下町の庶民の階層出身であり、近代日本のインテリの「傍流」であるという意識を強く持ち続けた。そのことが、彼の「保守」としての自己認識の基層にあったことは間違いない。

D・H・ロレンスの『黙示録』

しかし福田の思想という場合、彼自身が「私に思想というものがあるならば、それはこの本によって形造られた」[3]（中公文庫版「訳者あとがき」）という、ロレンスの『黙示録論――現代人は愛しうるか』（初訳は一九五一年の白水社版）を検討しないわけにはいかない。

福田にとってロレンスは卒業論文以来のテーマであるが、同書についてはとくに翻訳をし、解説を書き、再刊のたびに新たな後書きを加えている。相当な思い入れがあったと言えるだろう。とはいえ、ロレンスが新約聖書における黙示録について論じたこの本は、難解であってけっして読みやすくはない。そのどこに福田にとっての魅力があったのだろうか。

「ヨハネの黙示録」は言うまでもなく、この世の終わりと最後の審判、キリストの再臨と神の国の実現を描いた、聖書のなかでも極めて特異な文書である。しかし、ロレンスは幼少の頃からこの黙示録に嫌悪を感じていたという。ロレンスによれば、救済と慰めのための黙示文学のうちに、実はキリスト教徒にとって大敵のはずの権力意識が忍び込んでいた。この文書はキリスト教徒に次のように告げる。たとえ今は迫害の苦しみの最中にあっても、終末の日に君たちは救済され、復活したイエスの下でこの世界を統治するものとなるだろう。今は勝ち誇る世俗の権力や暴君も、この世の終わりにはその座から引きずり下ろされる。最終的な勝利者となるのは選民である君たちである。そこにあるのは、自分も権力者・支配者になれるという権力意志への訴えかけであったとロレンスは考える。

ロレンスによれば、人間の精神には二つの型がある。一つは己の魂の強さを感じている人間であり、イエスやパウロがそれにあたる。自らを強いと思う彼らは、地上的な権力や支配とは別の生活様式を希求した。そこには強さから来る優しさと穏和さがあった。これに対し、もう一つの型は己の弱さを感じている人たちである。そうであるがゆえに彼らは、キリスト教のうちに愛と諦念ではなく、むしろこの世の権力を倒し、貧しき者の栄光を求める教えを見出した。彼らにとって黙示録は、不滅の権力意志とその聖化であった。

人は一人でいるときにはじめて、キリスト教徒、仏教徒、あるいはプラトン主義者になれる。しかしながら、他者と共にいるとき、そこに必然的に権力が介入し、差別が生じる。イエスもまた、他人の前に出るときに師となり、指導者となった。世のいかなる聖者も、純粋に個人でいる限りにおいて真の聖者となるのであり、ひとたび人間の集団的自我に手を触れると、聖者もまた悪人となる。それゆえにイエスは、その弟子の間にあるときにさえ、孤独であったとロレンスは説く。

現代人は愛しうるか

いまだ古代的な部族連帯意識を持っていたころ、人々は空を飛ぶ鳥のような一体感で結ばれていた。人々はコスモスと共に生きたのである。ところが、やがてコスモスとの結びつきを失い、それと同時に自我意識に目覚め、孤立を感じるようになる。そこではじめて神の概念も生じた。知恵の実を食べてロゴスを持った人間はコスモスから乖離し始めたが、個人とコスモスの間に神が介在するようになったのである。

イエスはたしかにキリスト教徒としての個人に理想を与えた。しかしながら、国家に何らかの理想を示すことは意図的に回避している。この世において純粋な個人はなく、人間は必ず集団的に行動し、集団的に思考と感情を働かせる。その際、人間は集団的、あるいは社会的な意識の断片でしかないし、これからもそうであろう。そして国家はキリスト教的ではありえない。国家は一つの権力なのである。人間は個人としては純粋なキリスト教徒、あるいは純粋な個人であろうとしても構わないが、国家の一員としてはやはり、世俗権力の一単位であることを免れない。民主主義社会においてもそれは同じである。

それでは、はたして現代人は愛しうるか。ロレンスの答えは、そして福田もまたそれを肯定するのだが、「個人は愛することができない」であった。個人が一人の異性を、あるいは隣人を愛そうとしても、そこに必ず他者を支配しようとする我意が入り込んでしまうからである。近代の男女は、個人としてしか自分自身を考えられない。結果として、他者を愛しているつもりでも、やがて我意は惨《みじ》めに踏み躙《にじ》られ、最後は反発と憎悪だけが残される。

個人は、コスモスとの結びつき、あるいはさらに世界、人類、家族、国家との結びつきを自ら拒んでしまっている。ある意味で、総じて「結びつき」に耐えられないのである。本来、人間は大いなる存在の一部であることから逃れられないのに、その結びつきを拒み、あえて断片であろうとして、惨めとなり、愛することもできずにいる。

そうだとしたら、人間は再びコスモスの一部であることに歓喜すべきではないか。このようなロレンスの答えに共感を示す福田もまた、人は自らの自律性を自らの内にのみ探すのではなく――それは必ずや失敗に終わるだろう――、むしろ個人の外部にある宇宙の有機性に求めなければならないと結論づける。宇宙の自律性に参与することで人ははじめて、自律性を獲得し、他者を愛することも可能になる。やや唐突にも見える結論であるが、人間は自らの外部にある全体性へと開かれることによってこそ自律し、愛することも可能になるという福田の思考は、はたして彼の保守思想といかなる関係にあるのだろうか。

政治と文学

戦前から文学評論家として立ち、夏目漱石、芥川龍之介、横光利一、嘉村儀多《かむらいそた》らについて論じてきた福田であるが、その後の彼の思想的位置を考える上で重要なのはまず、昭和二二（一九四七）年に発表された「一匹と九十九匹と」であろう。

福田はプロレタリア文学とは距離があったものの、最初から当時の「進歩的知識人」と対立していたわけではない。しかしながら、この時期、「近代文学」グループと中野重治の間で「政治と文学」論争が高まりを見せるなか、福田もまたその論争の渦中の人となっていった。プロレタリア文学と共産主義革命運動の関係をきっかけに繰り広げられたこの論争において、文学者の戦争責任や転向など幅広い問題が取り上げられたが、福田の立場は政治と文学の峻別《しゅんべつ》を説くものであった。

政治は政治の言葉で文学を理解しようとして、文学を殺してしまう。逆に文学は文学の言葉で政治を理解しようとして、政治を殺してしまう。政治と文学は本来相反する方向に向かうべきものであり、その混同は否定されなければならない。福田はそのように論じた。この時期、戦前と戦後を通じ、左右の立場から文学を政治運動の目的に奉仕させようとする動きがあったが、福田はこれを明確に否定する立場をとったのである。それが民主主義のためであれ、福田は文学が政治に従属することを認めるわけにはいかなかった。

もちろん、福田はナイーブに文学の独立を説いたわけではない。政治がどれほど酷薄であろうとも、あるいは酷薄であるがゆえにこそ、政治が政治として自立することが重要である。政治には政治の必要性があり、生活の便宜的手段である政治は、あくまで科学と常識に立脚しなければならない。しかしながら、その一方で、政治は自らの限界を意識する必要があると福田は強調する。

イエスは「九十九匹」の羊を救えたとしても、残りの一匹を見失ってしまえば意味がないと説いた。福田はこの言葉を、「九十九の正しきもの」を救えても、なお「ひとりの罪人」において無力さを暴露する政治になぞらえて理解する。これに対し、文学はまさにこの失われた一匹を無視するわけにはいかない。「善き政治はおのれの限界を意識して、失せたる一匹の救ひを文学に期待する。が、悪しき政治は文学を動員しておのれにつかへしめ、文学者にもまた一匹の無視を強要する」(4)。福田は最大多数の最大幸福を追求する政治と、それには還元できない一人の個人の精神の問題を峻別しようとしたと言える。

その上で福田はエゴイズムを正面から捉えることを訴えた。右であれ、左であれ、社会の大義によって個人を抹殺してはならない。そのためには、どれだけ羞恥《しゅうち》すべきものであっても、個人のエゴイズムを認める必要がある。そして、それこそが文学の務めにほかならないと福田は考えた。

前節で見たように、福田は個人が純粋に個人であることと、人が社会の一員として権力の問題から免れないことを区別した。その区別がここでの文学と政治の対比につながっていると言えるだろう。

さらに福田は、もし日本の文学に問題があるとすれば、それは戦争に奉仕したこと以上に、エゴイズムと矛盾に引き裂かれた人間のあり方を十分に描きえていないことにあると論じた。福田はそのような人間のあり方を、一人の文学者として考え続けたのである。

戦後平和論への違和感

ちなみに、福田が明確に「保守派」と見なされるようになった時期を確定することは容易でない。とはいえ、昭和二九（一九五四）年に『中央公論』に発表された「平和論の進め方についての疑問」が大きなきっかけになったことは間違いないだろう。[5] 東西冷戦構造が強まるなか、日本の論壇では非武装中立論が有力であった時代である。ソ連など東側諸国への共感を隠さない知識人が多かった論壇にあって、公然とアメリカとの協力を主張する福田の議論は大きな反発を呼ぶことになった。

しかしながら、批判に対する再反論を含め、福田の議論にはそれ以前からの連続性が大きい。何より、エゴイズムを正面から認めることを主張してきた福田にとって、国家のエゴイズムもまた当然のものであった。大国のナショナリズムがあるのと同じように、小国にもナショナリズムがある。大国にのみナショナリズムがあると考えるのは一面的である。同様に西側諸国に帝国主義があるのなら、東側諸国にもまた帝国主義がある。このことを前提とすれば、平和もまた絶対的なものではありえない。平和とは、次の戦争までの合間に過ぎないと主張する福田は、はっきりと政治的リアリズムの側に立ったのである。

しかしながら、福田はただ国家のエゴイズムを認めただけではない。もし国家のエゴイズムに違いがあるとすれば、それは自らのエゴイズムをいくらかでも制御するメカニズムがあるかどうかである。福田の見るところ、ソ連においては国家目的や階級目的を個人の倫理の上に置く。これに対し、アメリカなど自由主義諸国は、本質的には個人の倫理の延長線上に国家を考える、少なくとも同位に置く。そのような自由主義諸国も過ちを犯すだろうが、それでもなお、自由主義国の人間観に共感をおぼえると福田は主張した。危険なのはエゴイズムそのものというより、自らのエゴイズムに無自覚なことである。少なくとも西側諸国の国家エゴイズムの方が、個人倫理との対抗上、より自覚的であると福田は考えたのである。

戦後日本における急進的な民主主義論に対する批判も同様であった。福田は漸進主義という言葉を好まなかったが、漸進的な生き方は肯定した。急進主義が悪いのは、それが急進的だからではない。しかし、歴史は急げば必ず政治主義になる。個人の精神を政治の大義に従属させることを何より嫌う福田は、政治主義を拒絶し、それに至る急進主義に抵抗した[6](「政治主義の悪」)。このような論争を通じて、福田は次第にはっきりと「保守」の思想家になっていったのである。

日本の近代

このようにして保守の立場を鮮明にした福田であるが、かといって日本の現状に対してそのまま肯定的であったわけではない。あるいは、日本の伝統に対して揺るぎない信頼を持っていたわけではない。言うまでもなく、保守とは急進的な改革に対抗し、伝統との連続性を重視し、部分的修正の繰り返しによる漸進的な変革を志向する立場である。この定義に照らせば、福田の場合、急進主義を批判し、漸進的な変革を望ましいと考えていたことは間違いない。しかしながら、それでは日本の伝統に対して福田がどのように考えていたかといえば、そこにはきわめて苦いものがあった。

例えば福田は次のように述べる。「日本人のばあひ、中世と近世とは、近世と近代とは、それぞれの時代に、全体的観念の書きかへを要求されてきた。それどころか、戦前と戦後とでも、書きかへが必要とされたのであります。そんなところに、伝統や歴史の観念が生じるわけがありません」[7]。日本の歴史の一つの特徴は、そこに大きな断絶が見られ、連続性を見出すことが難しいことにある。福田にとってはとくに、明治維新による断絶と敗戦による断絶が大きかったであろう。結果として日本の近現代は、絶え間ない変化の連続であった。日本人はつねに走り続けて、自らの政治や社会の仕組みのみならず、生活や価値観を脱ぎ捨ててきたのである。日本においては保守党すら、明治以来今日に至るまで、進歩と変革を考えてきた。日本の近代の最大の弱点は、一度立ち止まって静止する瞬間がなかったことにあると福田は断じた。

福田が日本の歴史を考える場合、とくにヨーロッパの歴史と比べて考える際に強調したのが、神の問題である。すでに見たロレンス論からもわかるように、福田は神に服従する純粋な個人としての自己と、社会の権力関係のなかにある自己との区別を重視した。いわば両者を統合し、そこに合理的な原理を打ち立てることこそが、ヨーロッパ思想の主題となったのである。その主題は、中世社会はもちろん、ルネサンスや宗教改革においても変わらず、それどころか、中世の神に反逆し、個人を肯定した啓蒙思想以降においてもなお、影響を及ぼしている。福田の見るところ、近代における個の自覚もまた、中世的な神の概念を純粋化したものにほかならなかった。そうであるからこそ、人間そのものの姿に神の権威と可能性を見出し、人間世界の徹底的な肯定と、生活の改善に向かったのである。

それと比べるならば、日本の場合、その弱さは徹底して従属すべき神を持たず、それゆえに徹底して反逆する神を持たなかったことに由来する。結果として日本には真の近代がなかったと福田は言う。しかも、日本の場合、それでもヨーロッパの近代をモデルとするしかなく、その矛盾を十分に理解していないために混乱を続けている。「ぼくたち日本人がヨーロッパに羨望するものこそ、ほかならぬ近代日本における歴史性の欠如以外のなにものであらうか」[8]。日本は自らの空虚に耐えられず、その空虚を埋めるために天皇を神聖化した。福田は「天皇制の虚妄」とさえ指摘する。

人間・この劇的なるもの

ある意味で福田は、このような日本の近代を宿命として受け入れ、その弱さを正面から受け止めることを主張していたのかもしれない。その上で福田が強調しているのが「劇」である。

福田は『人間・この劇的なるもの』で次のように言う[9]。自由や個性といったものを信じてはいけない。自然に、自らの思うままに個性を生かしたいと思ってはいけない。例えば若者は「若者の個性」などと言うが、それは本当の個性ではなく、自分が演じたいと思っている役割に過ぎない。しかしながら、複雑化した現代社会において、人は自分の役を選び取ることはできない。その行動はついに断片的なものとして終わらざるをえない。

しかし、と福田は言う。私たちが本当に望んでいるのは自由ではなく、必然性ではないか。すべては起こるべくして起こっているが、自分はそのなかで一定の役割を果たし、なさねばならぬことをしているという実感、それこそが重要ではないか。役者の台詞《せりふ》も行動もあらかじめ決定されているが、そこには僅かの自由もない。役者はその役の結末を知りながら、それを知らぬかのように、今この瞬間に没頭する。

人もまた自分が部分に過ぎないことを自覚しつつ、意識的に部分としての自己を味わい尽くすしかないのではないか。その味わいの過程で、全体性をほのかに見ることができれば、それでいいのではないか。福田は日本の近代が脆弱《ぜいじゃく》であると知りつつ、それでも世界における日本の役割を模索したように思う。それが福田の「保守」だったのではなかろうか。

(1) 福田恆存「私の保守主義観」浜崎洋介編『保守とは何か』文春学藝ライブラリー、二〇一三年、一八〇頁。
(2) 川久保剛『福田恆存――人間は弱い』ミネルヴァ書房、二〇一二年、二頁。
(3) D・H・ロレンス『黙示録論――現代人は愛しうるか』福田恆存訳、ちくま学芸文庫、二〇〇四年、三四九頁。なお、白水社版のタイトルは『現代人は愛しうるか』、中公文庫版（一九八二年）のタイトルは『現代人は愛しうるか――黙示録論』。
（4）福田恆存「一匹と九十九匹と」前掲『保守とは何か』、一七頁。
（5）福田恆存「平和論の進め方についての疑問」。原題は「平和論にたいする疑問」。『福田恆存全集』第三巻、文藝春秋、一九八七年、一三―二六頁。
（6）福田恆存「政治主義の悪」浜崎洋介編『国家とは何か』文春学藝ライブラリー、二〇一四年、一二六頁。
（7）福田恆存「絶対者の役割」前掲『保守とは何か』、一七四頁。
（8）福田恆存「近代の宿命」前掲『保守とは何か』、八〇頁。
（9）福田恆存『人間・この劇的なるもの』新潮文庫、一九六〇年。

第五章　丸山眞男における三つの主体像

——丸山の福沢・トクヴィル理解を手がかりに

1　丸山眞男を読む

第五章では、丸山眞男（一九一四―九六）を取り上げる。しかし、《丸山眞男を読む》とは、どういうことだろうか。

その死から二〇年以上が過ぎ、『丸山眞男集』『丸山眞男講義録』『丸山眞男座談』など、丸山の書いたテクストを読むにあたっての条件は、格段に整備が進んだと言える。

とはいえ、丸山のテクストはなお、私たちにとって、謎として残っているように思われる。たしかに、丸山のテクストを読むものは誰でも、そのレトリックの切れ味、博識に裏打ちされた視野の広さ、論理の明晰さに感銘を受けるであろう。しかし、彼のテクストを全体として振り返ろうとするとき、ある種のとまどいを感じるのは私だけではないはずだ。一つの丸山像、一つの《丸山眞男的なもの》にはどうしても収斂しえない、多様な何かをそこに見出せるからである。無理に一つのレッテルを貼り、すべてをそこに封じ込めようとすると、その多様な何かは、粗すぎる網の目からすべりおちてしまう。

かと言って、いわゆる「近代主義」「戦後啓蒙」、あるいは「市民社会論」などというカテゴリーを持ってきても、必ずしも丸山のテクスト理解を容易にしてくれるとは限らない。これらのカテゴリーは、使い方によっては、あるいは有益かもしれない。[1]しかしながら、多くの場合、丸山のテクストのわかりにくさを解消するというより、むしろ見えにくくしてしまう危険性を持つ。すなわち経済学における大塚久雄や内田義彦、あるいは法学における川島武宜《たけよし》らとの共通性において丸山を読むとき——彼らが学問的姿勢や基本的価値観においてどれだけ共有するものを持っていたとしても——彼らの内部にある差異をむしろ見えにくくしてしまう危険性を持っている。

ここで、例えば主体の問題に注目してみたい。丸山の示した学問像の魅力の一つとして、主体の問題を社会科学と結びつけた点をあげる人は少なくない。「内面的な問題が、社会と歴史の相のもとに、社会科学的な思想分析の対象になりうること」[2]は、敗戦後の日本社会において、とくに多くの若者を魅了した新たな発見であった。しばしば「近代主義」の名の下にくくられる、先にあげた他の人々においても、この点に変わりはない。彼らは共通して「近代的主体」「近代のエートス」をめぐる考察を自己の研究の中心に据えた。しかし、そこで想定されている主体像をより踏み込んで探ってみるならば、むしろ丸山のわかりにくさが明らかになる。

きわめて単純化してみても、イギリスにおけるヨーマン階級に見出されるマニュファクチャーを形成していく大塚の主体、社会科学あるいは社会への「視座」をあたかも自己の「作品」として作り出す内田の主体、日本の伝統的な家族関係を打破して近代的な法的関係を取り結ぶ川島の主体。

これらの像と比べた場合、丸山の主体像はどのように規定しうるだろうか。

一例として『日本政治思想史研究』（一九五二年）をあげれば、荻生徂徠における聖人の作為論には、ある種の明確な主体像が想定されている。そこに見出されるのは、あらゆる先行規範から自由に、無から秩序を創造するという、ある意味でカール・シュミット的な決断の主体である。しかしながら、この主体像は、「忠誠と反逆」（一九六〇年）において示される、封建的忠誠心に突き動かされるきわめて情念的な主体像と、はたしてどこまで共通するものを持っているのだろうか。前者の主体像においては、近代的作為の論理が、伝統的な自然への埋没からいかに脱し、成長していったかという点に問題意識があるのに対し、後者の主体像において顕著なのは、前近代的な封建的エートスが、具体的な歴史の展開のなかでいかに強力な作為の原動力となりえたかという関心である。実際、両者の間にある違いについては、これまでも多くの論者が注目してきた。

もちろん、この両者に通底するものを見出すことも不可能ではないだろう。そもそも、丸山がその研究ごとに異なった主体像に注目していたとしても、それ自体はまったくおかしくない。しかしながら、彼がその各々の研究において多大な知的情熱をもって描き出した主体の像の間に、これほどのずれがあるということを、私たちはどのように理解すべきなのか。丸山の主体像の理解が、けっして容易ではない所以である。(3)

したがって、今まさに《丸山眞男を読む》という営みを実践するにあたって必要なのは、丸山のテクストをむしろその差異性において読むことではないだろうか。彼に言及するものは、肯定的であれ批判的であれ、しばしば《丸山眞男的なもの》を一義的に確定しうるものとして前提にしていることが多い。ここではむしろ、彼のテクストの多義性に注目したい。《丸山眞男的なもの》の自明性を覆したいのである。丸山のテクストの内部にある、互いに密接に結びつきつつも、同時に緊張関係にある諸要素を分節化すると同時に、その緊張の意味するものを明らかにすることが、ここでの課題である。

その際、本章では丸山の主体像に関する一つの仮説、すなわち彼のテクストのなかには、三つの相異なる主体像を見出すことが可能なのではないか、という仮説を採用する。もちろん、この区別は丸山自身によるものではない。しかしながら、そこにははっきりとした差異があるし、相互に矛盾しあう側面さえある。これを無視して一つの主体像に還元すれば、丸山のテクストに秘められた、彼の模索の足跡を消去してしまうことになる。

このような課題には、丸山の生涯にわたる研究歴の時期区分の作業と重なる部分があるのは確かである。先にあげた『日本政治思想史研究』と「忠誠と反逆」の違いも、それが書かれた時期の違いに対応するとして説明することも、ある程度は可能である。しかしながら、丸山の主体像の多様性は、時期区分とけっして完全には一致しない。なぜなら、時期ごとあるいは作品ごとに、より強調される主体像が異なるとしても、そのいずれも完全に放棄されることはなく、彼の研究歴の最後まで併存し続けたからである。したがって、ここでの仮説が正しいとすれば、それらの間の緊張もまた彼の死に至るまで持続したことになる。

このような見通しに加え、本章ではもう一つのしかけを用いたいと考えている。それは、丸山が自らのライフワークとする福沢諭吉論における変化をたどるという方法である。言うまでもなく丸山にとって、福沢は徂徠と並んで重要な思想家であるが、とくに福沢は「福沢諭吉の儒教批判」(一九四二年)から『「文明論之概略」を読む』(一九八六年)に至るまで、たえず丸山が論じ続けた対象である。しかも丸山が福沢において強調する点は、これらの研究を通じてかなり変化している。丸山にとっての福沢は、その時々の丸山の関心や問題意識を映し出す、いわば彼の鏡の役割を果たしていると言える。(4) したがって福沢論は、まさに丸山のテクストを再構成するための定点観測の地点として理想的である。

また丸山の福沢解釈の変遷を通じて、丸山のアレクシ・ド・トクヴィル理解を明らかにすることも、本章にとっての課題である。ちなみに一九五六年の二月、日記に「ちかごろはもっぱらトクヴィル一辺倒」(5) と記した丸山であるが、まとまったトクヴィル論は展開していない。ところがトクヴィルの名がもっとも頻繁に現れるのが、実は福沢論なのである。福沢という媒介項を通して、丸山におけるトクヴィル的契機を浮き彫りにすることができるのではないか。この問いが本章のもう一つの副主題となる。

以下、まず『日本政治思想史研究』を構成する諸論文において見出される丸山の主体論の意味と、それが出発の時点から内包していた難問を考察し、それを受けて以下、彼の諸主体像を一つひとつ明らかにしていきたい。

（1）一例として、久野収・鶴見俊輔・藤田省三『戦後日本の思想』岩波現代文庫、二〇一〇年（初版は中央公論社、一九五九年）は、「社会科学者の思想」として、丸山を大塚久雄や清水幾太郎らと組み合わせて、興味深い議論を展開している。
（2）坂本義和「醒めた規範的リアリズム」『丸山眞男集』（以下、『集』と略記、岩波書店、一九九五―九七年）第五巻月報三、一頁。
（3）丸山の主体像が持つ多義性とその矛盾について分析を加えた研究として、森政稔「丸山真男の近代」『ライブラリ相関社会科学一　ヨーロッパのアイデンティティ』新世社、一九九三年、二〇四―二三五頁を参照。
（4）丸山の福沢論における変化に触れつつ、丸山における主体とナショナリズムの関係を探った研究として、三宅芳夫「丸山真男における「主体」と「ナショナリズム」」『相関社会科学』第六号、一九九六年、五七―七〇頁を参照。
（5）『集』第六巻、一四七頁。

2　初期丸山における主体のアポリア

第一に問うべきは、なぜ主体なのか、ということである。なぜ丸山の学において、それほどまでに主体に関わる問いが重要な地位を占めるのだろうか。

そこで参考になるのが、『世界』一九四八年二月号に掲載された座談会「唯物史観と主体性」である。この座談会で丸山は、マルクス主義哲学者の松村一人《かずと》や心理学者の宮城音弥《おとや》らに対し、自らにとっての主体の問題が、心理学的あるいは社会的経済的な決定論とはまったく異なることを強調している。(1) とくにマルクス主義者たちに対しては、彼らの拠って立つ歴史における価値意識がどこから来るのかを問いただしている。すなわち丸山にとって重要なのは、下部構造による上部構造の決定関係には還元できない何かであり、さらに具体的に言えばそれが「新カント派の説いたような超越的な、人間を離れてある価値ではなく、要するに、われわれが実践するときに必然的に予想せざるを得ないエトス」(2) であることを明らかにしている。彼は人間がその社会的経済的基盤によって規定されていることを認めつつ、そこに還元し切れないものを「主体性」と呼んでいるのである。

丸山の主体観を理解するためにはさらに、彼の思想史における方法論的模索を振り返ることが有益である。前述の座談会では否定的に言及されている新カント派であるが、彼が若き日に新カント派の影響を強く受けていることはよく知られた事実である。(3) 高等学校時代に新カント派、とくにヴィンデルバントやリッケルトら西南ドイツ学派の哲学に親しんだ丸山は、そこから、認識を現実の模写であるとするヨーロッパ哲学を長く貫いた偏見への批判と、発生論と本質論の混同に由来する、すべてをその歴史的成立や発展のプロセスから説明することの限界を学んだとしている。(4)

このような新カント派の洗礼が、丸山にとって、素朴実在論や決定論に対する免疫になったことは想像に難くない。さらには人間が対象を認識するにあたって、つねにある種の認識の枠組みやカテゴリーに依存せざるをえないこと、またいったん生まれた枠組みやカテゴリーが、それが生まれた時代や社会と離れて一定の自律性を持つということの認識は、後の彼の「思惟様式」や「世界像」への注目へとつながっていく。

反面、彼にとって、新カント派への批判がなかったわけではない。むしろ彼の新カント派評価はかなり否定的である。なぜなら新カント派の認識カテゴリーの実体化がむしろ、対象の客観的実在性を懐疑させるに至り、認識対象と切り離された認識主観の自己完結化をもたらすと考えられたからである。(5)

このように、丸山は新カント派からの影響とそれへの批判、および『ドイツ・イデオロギー』などマルクス主義的な方法論への関心と、それに水をさす新カント派の「後遺症」とによって、「中ぶらりん」な状態に置かれていた。そのような丸山にとって大きな魅力を持ったのがカール・マンハイムの『イデオロギーとユートピア』であった。彼にとってマンハイムの知識社会学は「認識論をも包括する社会理論」(6)(強調は原文)であった。認識論を社会分析に結びつけつつも、単にすべての言説をその拠って立つ特定の階級利害に還元するのではなく、すべての個別の言説の「存在被拘束性」の自覚化を通じて全体的な社会認識を目指すマンハイムは、丸山にとって自らの方法論上の原点となった。

丸山の方法論上の模索は、どのように彼の主体観と結びつくのだろうか。ここまでで明らかになったように、彼にとっての主体とは、哲学的な独我論や心理学的な欲望の主体ではない。社会的経済的な環境によって規定されつつも、その規定性を認識するとともに、既存の環境を変革していく実践の担い手である。もちろん自らの存在被拘束性を認識したからといって、直ちに拘束から自由になるわけではない。そのような拘束の外部に、完全に自由な主体性やその実践があるわけでもない。しかしながら主体を規定する「存在」とは単なる「存在」ではなく、人間の実践的、思想的その他の活動を含む意味での「社会的存在」[7]である。すなわち社会的存在性とは、単なる物質的環境ではなく、それが観念形態を媒介にして発現するものである。社会と個人との間には相互性が存在するのであり、「社会とは人間の主体的実践の交錯する場である」[8]。個人と社会は相互に関係しあい、変化していくのである。

その際に必要なのは、所与の環境から主体が自らを引き離し、能動的に社会を認識し、働きかけていくことである。丸山が好んで用いる表現を借りれば、「ズルズルベッタリ」を脱すること、あるいは「惑溺」（福沢諭吉）を排することが必要条件となる。したがって丸山にとって、主体とは実体として存在するものではなく、絶えざる「主体化」のプロセスとしてのみ存する。[9]それも所与の環境に対し超越的な視点に立つことは不可能であり、その環境の内部にあって、自らを規定するものと弁証法的な関係に立ち続けねばならない。そのためには自己関係的であること、すなわち「自己内対話」が必要となる。

ここまで丸山の主体観を追ってきて思わざるをえないのは、主体の「要求の苛酷さ」[10]である。いったい人は、なぜそのような主体にならなければならないのか。主体たろうとする意志あるいはエートスはどこから来るのだろうか。この問いこそ、丸山の全著作を貫く鍵なのである。

ところが、この主体の問いは丸山の研究生活の開始とともに、ある種の困難さと直面した。したがって以下、いわば丸山における主体のアポリアとも呼ぶべきものを、彼の初期の研究に探っていきたい。

それでは彼の研究の出発点をどこに見出すべきであろうか。本章は、『日本政治思想史研究』にこそ、彼の研究の原点があるとの立場をとる。ある意味では自明ですらあるこの立場だが、強力な反論もありうる。彼の学生時代の懸賞論文「政治学に於ける国家の概念」(一九三六年)こそ、彼の原点であるとの考えも成り立つからである。この考えを、本人も自ら指摘するように単なる学生論文であるとして退けるのは容易《たやす》い。しかしながら、論文末節に「個人は国家を媒介としてのみ具体的定立をえつつ、しかも絶えず国家に対して否定的独立を保持するごとき関係に立たねばならぬ[11]」との印象的な表現があるために、あるいはこれを彼の生涯のモチーフとして捉えることも可能である。たしかにこの個人と国家の媒介的関係というテーマは、丸山の著作を通じて重要な主題であることは間違いない[12]。とはいえ、これを彼の全著作の中心的テーマであるとすることには、躊躇がある。この躊躇については、以下論じていくが、それは別にしても、丸山が抱え込んだ主体をめぐる難問が、この懸賞論文にはまだ現れていないということが本章にとっては重要である。言い換えれば、丸山は日本政治思想史の研究において、より具体的には儒学を中心とする江戸時代の研究において、彼にとっての「問い」に出会ったのではなかろうか。この点を以下検証していく。

『日本政治思想史研究』は、「近世儒教の発展における徂徠学の特質並にその国学との関連」(一九四〇年)、「近世日本政治思想史における「自然」と「作為」」(一九四一年)および「国民主義の「前期的」形成」(一九四四年)の三つの論文から成る。ここで興味深いのは、近世儒学史の内在的な自己解体過程を通じて近代的な作為の論理が析出してくる局面に注目した二論文が、ナショナリズムの「前期的」形成を論じた第三論文と組み合わされていることである。この組み合わせは出版時における偶然的事情によるものかもしれないが、ある意味でこの時期の丸山の関心のありかを示していると言えなくもない。そのことは後述するとして、ここでは徂徠学を中心とする二論文に注目したい。

まず、第一論文であるが、冒頭「シナ帝国」の「停滞性」が、その内部における分裂ゆえではなく、むしろその欠如によるものであり、あまりに鞏固《きょうこ》な社会構成がむしろ内部における対立を不可能にしたというヘーゲルの解釈を紹介している。(13) これに対して、日本においては江戸時代の支配層の思想である儒学が自己解体していくことを通じて、むしろ逆説的に近代的な作為の論理を生み出したというのが丸山の基本的な視座である。彼によれば正統哲学たる朱子学の特徴は、超越性と内在性とが無媒介に結合されている点にあり、「理」は自然に内在する「物理」であると同時に、人間行為の規範たるゆえに「道理」でもある。その結果、朱子学においては倫理と自然とが連続し、自然主義的なオプティミズムが支配的となる。ところが、このオプティミズムが維持できなくなったとき、むしろ一方には純化された儒学の規範性、他方には規範から分離された「人欲」の自然性へと二極分解していく。この分解の過程を、「人欲」を積極的に評価して朱子学の合理主義を批判した山鹿素行、儒学を倫理思想として純化し「道」として定式化した伊藤仁斎、この「道」をさらに具体的な政治制度とし、古代の聖人の作為として絶対化した荻生徂徠とたどり、その後徂徠における達成を転倒する形で、すなわち聖人の作為を作為であるがゆえにむしろ排撃するという本居宣長の国学が現れるというのが、第一論文の見取り図である。

この第一論文において興味深いのが、丸山がこのような儒学史の転回に読み込んだ意味である。すなわち彼はこのような朱子学の自己解体に、公的な領域の独立と私的な領域の解放、すなわち公私の分裂を見出している。この公私の分裂から、近代的作為が生じてくるという丸山の理解が、その後の論争を生み出すことにもなったのである。(14)

次に第二論文であるが、これは同じ過程を「作為」という点に、より焦点を合わせて分析したものである。朱子学においては作為に先立って、規範が宇宙的秩序と人間の本性という二重の意味で内在的に存在している。ところが社会秩序が動揺するにつれ、規範の妥当性が問われるに至り、規範を誰が作るのか、誰が規範を妥当せしめるのかが問題となる。この問題に対して、規範はもはや「自然」のものではなく、一切の政治的・社会的制度に先行する古の聖人の「作為」の産物であるというのが、徂徠の与えた解答であった。人格が規範に、「ペルゾーン」が「イデー」に先行するのである。

しかし、丸山の論理が批判を生み出すことになったのは、第一論文と同じである。このようにして見出された徂徠における聖人の作為論が、仮に意図としては商業を否定し、封建的反動を目指すものであれ、結果的にはテンニースの対概念にいうゲゼルシャフトの論理をもたらしたと丸山は言う。しかしながら、まったくの無から秩序を創造する聖人の一回的な作為と、ゲゼルシャフトの作為とは、森政稔の指摘するように、そもそもまったく水準を異にするのではなかろうかという疑問は残る。(15)

この疑問はさらに深刻な問題へとつながる。すなわち丸山によれば、日本の近世思想の問題性は、このようにして現れた作為の論理が聖人や政治的支配者の作為にとどまり、すべての個人が自由意志に基づいて社会秩序を作り出すという社会契約論の作為へとは発展しなかった点にある。(16) その原因は、「新たなる生産様式を担う勢力は徳川時代を通じて充分な社会的成熟を遂げるに至らなかったこと」(17)にあるとされる。第一論文においても、「華かなる元禄文化の蔭には既に都市にも農村にも、或は消極的な腐蝕を通じて、或は積極的な反抗によって封建的権力を脅かす一切のモメントが出揃っていた。しかもこれらのモメントはいずれも未だ根本的な打撃を封建社会に与える程に強力な生長を遂げてはいなかった」(18)（強調は原文）という指摘がある。しかしながら、これらの指摘がそれ自体としてどれだけ正しいとしても、そのような社会経済的説明のみで、はたして徂徠における聖人の作為が社会契約論的作為へと発展しなかったことを説明しうるだろうか。そもそも二つの作為はまったく異質のものであり、前者の発展形態として後者を捉えることは、そもそも不可能なのではなかろうか。(19)

この問題を本節の冒頭で検討した丸山における主体の課題と照らし合わせると、問題がより明らかになる。すなわち丸山の要請した、所与の秩序に埋没することなく、たえず社会を対象化し、これに働きかけていく実践の主体は、日本思想史のなかに本当に現れたのか否かということである。仮に徂徠学に現れた聖人の作為がそれに該当するとしても、その主体を複数化することはそもそも可能なのか。彼は、その挫折の原因を江戸社会におけるマニュファクチャーの未成長に見出しているが、それこそ悪しき意味での下部構造決定論ではなかろうか。

丸山はこれらの諸論文を、戦時下に抵抗の意図の下に執筆した。すなわちいかなる正統的教義に支えられた体制すら、その歴史的展開のなかで解体しうるし、さらには結果としてそこから体制を超えるものを生み出す可能性があるということを実証しようという、ある意味で外在的な意図を持って、論文の想を練ったのは事実である。しかしながら、このような意図がはたして実証的な江戸儒学史研究と合致して、真に説得的な議論を実現しているかは疑問の残るところである。主体は単に正統的教義の崩壊の結果として出現するのか、言い換えればネガティブな形で生まれうるのか。またその主体の発展の挫折の原因は社会的経済的なものに求められるのか。そしてさらに、主体とは人格の規範への先行、すなわち無からの決断としてのみ可能となるのか。したがって作為はつねにその無根拠性と向き合わなければならないのか。これらの問いを、丸山はその出発点から抱え込んだ。

次節以降見ていく諸主体像は、このような問いに対する、丸山の解答にほかならないのである。

（1）『丸山眞男座談』（以下、『座談』と略記、岩波書店、一九九八年）第一冊、一〇一頁。
（2）『座談』第一冊、一二一―一二三頁。
（3）福田歓一『丸山眞男とその時代』（岩波ブックレット、二〇〇一年）が、この点を強調している。
（4）『集』第一〇巻、三一八―三二三頁。
（5）丸山眞男『自己内対話――3冊のノートから』みすず書房、一九九八年、三五頁。なおこの点について、間宮陽介『丸山眞男――日本近代における公と私』筑摩書房、一九九九年、三九頁も参照。
（6）『集』第一〇巻、三二三頁。なお、この点に関し、前掲『自己内対話』二四三―二四四頁も参照。
（7）『丸山眞男講義録』（以下、『講義録』と略記、東京大学出版会、一九九八―二〇〇〇年）第一冊、一三頁。
（8）『講義録』第一冊、六頁。
（9）丸山にとってのデモクラシーが、絶えざる民主化、すなわち永久革命でなければならないことも、同じ理由に起因する。
（10）『講義録』第三冊解題における、渡辺浩の表現。丸山が政治に参加することに要求する内容の厳しさを指摘したもの。同、二二六―二二七頁を参照。
（11）『集』第一巻、三一頁。
（12）この主題を軸に丸山の著作をトータルに捉えようとした労作として、笹倉秀夫『丸山眞男論ノート』みすず書房、一九八八年。
（13）『集』第一巻、一二七―一二九頁。
（14）丸山自身、後に「中国の停滞性に対する日本の相対的進歩性という見地」と並べて、「正統的なイデオロギーの解体過程を裏返せばそのまま近代的イデオロギーの成熟になるという機械的な偏向」を自己批判している。『集』第五巻、二八九―二九〇頁。

（15）前掲「丸山真男の近代」、二〇八頁。
（16）『集』第二巻、四二頁および同、一〇七頁。
（17）『集』第二巻、五八頁。
（18）『集』第一巻、二四八頁。
（19）このアポリアについて、前掲「丸山真男の近代」、二一二頁を参照。またこのアポリアを主体の複数化のアポリアとして分析したものとして、前掲「丸山真男における「主体」と「ナショナリズム」」、六二―六三頁も参照。

3　主体とナショナリズム――国民主体

丸山の主体像のうち、第一に取り上げるのは《国民主体[1]》である。この主体像は、とくに初期丸山において顕著に見られ、後述するようにその後はむしろ相対化されていった印象がある。この主体像の問題は、すでに指摘したように、『日本政治思想史研究』の第三論文の位置づけとも関わる。近世日本における政治的思惟の変容、および主体の可能性とその挫折を検討した二論文が、なぜナショナリズムの「前期的」形成を扱ったこの論文と組み合わされて一冊の本になったのか。丸山において、主体の問題とナショナリズムの問題とは、はたして内在的に結びついていたのだろうか。

主体とナショナリズムの関係はけっして自明ではない。前節で検討したような意味における主体は、必ずしも国民であることを必要としないからである。しかしながら、丸山はこの第三論文と前後する「福沢に於ける秩序と人間」（一九四三年）に始まり、「超国家主義の論理と心理」（一九四六年）、「陸羯南——人と思想」（一九四七年）、「近代日本思想史における国家理性の問題」「明治国家の思想」（一九四九年）、「日本におけるナショナリズム」「戦後日本のナショナリズムの一般的考察」（一九五一年）など、戦中から戦後しばらくの時期に至るまで執拗にナショナリズムの問いを追い続けている。一九四九年度の東京大学法学部における東洋政治思想史講義においては、他の年と違って、あえて問題史的構成をとって、ナショナリズムの問題を取り上げている。また『日本政治思想史研究』のあとがき（一九五二年）においても、「現在の私の課題と比較的に一番直接に連続するのは」第三論文であると明言している。(2)

　このような丸山のナショナリズムへの関心の背景に、敗戦から占領という時代があることは言うまでもない。一九四五年一一月一日付草稿断簡が、彼の当時の心境を示している。「われわれは今日、外国によって「自由」をあてがはれ強制された。しかしあてがはれた自由、強制された自由とは実は本質的な矛盾——contractio in adjectio——である。自由とは日本国民が自らの事柄を自らの精神を以て決するの謂《いい》に外ならぬからである」という指摘に始まるこの断簡は、フィヒテの「ドイツ国民に告ぐ」に託して、「国家の運命を自らの責任に於て担ふ能動的主体的精神」を求めて終わる。(3)

　しかしながら、丸山のナショナリズムへの関心は、同時代的背景によってのみ説明されるものではあるまい。むしろ前節で検討した主体のアポリアとの関連で、彼のナショナリズム論を再検討する必要がある。とくに、彼がウルトラ・ナショナリズムや国家主義とはっきり区別可能なものとして健全なナショナリズムがありうるとしている点について今日疑問の声もあがっている以上、彼がナショナリズム論の危うさを自覚しながら、あえてそこに踏み込んでいった理論的動機を探らなければならない。

まず、『日本政治思想史研究』第三論文「国民主義の「前期的」形成」であるが、「国民とは国民たろうとするものである」という、いわば同義反復的定義に始まるこの論文において、丸山は一定の集団の成員が国民となるためには、単に同一の国家に所属するという事実では足りず、文化的な一体意識とも区別される政治的一体意識を持つことが必要であるとする。国民が国家に結集することは、郷土愛や環境愛とは違い、一つの決断的な行為であり、エルネスト・ルナンの言うように「日々の国民投票」としての契機を有するからである。このような「国民主義」が成立する前提としては、国家と国民の間に介在し、その直接的結合を妨げている「仲介勢力」の排除が求められる。

ところが江戸時代においては、政治的主体たる武士とつねに支配の客体でしかない庶民とが截然と分離され、支配の側における庶民への不信と、支配される側における政治的無関心とが相補い合うという状態が続いた。たしかにその間交通の発達や商品経済の普及によって国内統一の内的条件は整えられつつあった。しかしながら、政治的・精神的統一への機運を高めたのは、あくまで外国勢力との直面であった。

対外脅威に対しまず反応したのは、本多利明や佐藤信淵《のぶひろ》らの、中央集権的な絶対主義の整備による「富国強兵」論である。この絶対主義が「仲介勢力」を解消し、同質的・平均的国民を作り出すことにつながったとすれば、精神的支柱を提供したのが尊皇攘夷論である。ただし尊皇攘夷論は直ちに国民的統一と国民的独立の思想につながったわけではない。水戸学の名分論に見られるように、攘夷論の根底には抜きがたい庶民層への不信、封建的支配体制の動揺に対する恐怖感があったからである。この段階から決定的に飛躍したのは、吉田松陰である。彼においてはじめて、日本の対外的独立を誰が担うのかという問いが浮上し、そのためには現政治機構の全面変更が不可欠であるという認識が明らかになったのである。

丸山によれば、「国民主義」の理念は、一方における政治的集中と同時に、他方で政治的主体の拡大を要請する。この両者の均衡の上にこそ「国民主義」は発達するのであるが、実際の維新は庶民の間から成長した勢力によってではなく、むしろ「仲介勢力」を構成する分子によって遂行された。ここにこそ維新の問題があり、「国民主義」の形成はあくまで「前期的」なものにとどまった。真の課題は明治に持ち越されたと丸山は考える。

この論文で興味深いのは、丸山が一般的にはつねに多義的な用いられ方をし、訳としても国民主義・国家主義・民族主義等と定まらないナショナリズムを、あえて「国民主義」と訳し、非常に限定的に捉えようとしていることである。彼がこの訳を採用したのは、「ナショナリズムは一定の段階に於てまさに個人的自主性の主張と不可分に結合しているから」(4)だという。「仲介勢力」の排除によって封建的隷属関係を清算することを前提に、個人の自由と国家の独立とが媒介されるという、懸賞論文以来の主題がここに見出せる。人民の政治的主体としての覚醒を欠いたナショナリズムは、丸山にとっては「国民主義」ではない。ここに、彼のナショナリズムの「理念型」を見出すことが可能である。

また、攘夷論はしばしば鎖国論と混同されているが、事実としては攘夷論と開国論とは必ずしも矛盾せず、吉田松陰や佐久間象山らのように、むしろ熱烈な攘夷論者にして積極的な開国論者もありえた。丸山がこの可能性を重視していることにも注目したい。(5) この論点は後に、「開国」(一九五九年)や「幕末における視座の変革」(一九六五年)等の論文で発展されることになるが、ここですでに、丸山がナショナリズムにおいて、必ずしも「国民」という単位が絶対化されるわけではなく、それを超えた視座の拡大と世界の認識とが両立しうると考えていたことがわかるからである。(6) 丸山はこの可能性を、一方では頑迷な鎖国論や国粋意識と、他方で現下の情勢に押された、むしろ保守的な性格を持つ開国論と対比している。

それでは丸山は、明治以降のナショナリズムの展開をどのように捉えているのだろうか。彼が注目するのは福沢諭吉、陸羯南、自由民権運動である。ここで丸山は彼らのナショナリズムを全体として評価するのではなく、ある時期において持っていた可能性に着眼する。あくまで可能性であり、むしろ彼らがその後その可能性から遠ざかっていったことを否定しない。

まず福沢であるが、「福沢に於ける秩序と人間」において、次のように指摘している。

福沢は単に個人主義者でもなければ単に国家主義者でもなかった。また、一面個人主義であるが他面国家主義という如きものでもなかった。彼は言いうべくんば、個人主義者たることに於てまさに国家主義者だったのである。

国家を個人の内面的自由に媒介せしめたこと——福沢諭吉という一個の人間が日本思想史に出現したことの意味はかかって此処にあるとすらいえる。(7)（強調は原文）

「秩序を単に外的所与として受取る人間」から、「秩序に能動的に参与する人間」へと人間像の大転換を果たしたことにこそ、福沢の意義があると言う。「一身独立して一国独立する」との表現に現れているように、福沢はこの個人の自主性を国家の対外的独立へと内面的に結びつけることに成功したのである。

しかしながら、丸山によれば、この内的結合も永遠のものではなかった。福沢諭吉のナショナリズムが、「最も古典的な均衡性を保った時期は、ほぼ慶応二年末頃から明治八年（『文明論之概略』を著した時期）頃まで」(8)であった。その後の福沢のナショナリズム論は、悪名高い「脱亜入欧」はともかくとしても、パワーポリティクスに基づく国権論的色彩を濃くしていったことは否定できない。

陸羯南に関しては、「陸羯南——人と思想」において丸山は、明治二〇年代に羯南が代表した日本主義を高く評価している。羯南の日本主義は、皇室を藩閥から切り離し、むしろ平民主義の上に立脚させようとする点において、政府の天皇絶対主義と対立し、他方で「後進民族の近代化運動が外国勢力に対する国民的独立と内における国民的自由の確立という二重の課題を負うことによって、デモクラシーとナショナリズムの結合を必然ならしめる歴史的論理を正確に把握していた[9]」ゆえに、同時代の民権論者にも優位していたとされる。

しかしながら、丸山は羯南の「歴史的制約」として、彼の国民観念の不純性を指摘する。すなわち羯南の国民には、君主・貴族・藩閥・紳商がそのままの形で含まれてしまう。丸山によれば、この「混乱と妥協」こそ、日本主義がその後右翼陣営、自由主義、社会主義の三方向に分裂していった原因であった。

最後に自由民権運動については、あまり評価が高くない。丸山は「自由民権運動史」(一九四八年)で、運動が初期に持っていた民衆的性格が、議会開設(一八九〇年)を機に次第に失われ、藩閥政府に切り崩されるとともに、帝国主義的な国権論へと変質していったと分析する。その原因としては、自由民権運動の思想的基盤の弱さが指摘される。すなわち天賦人権論と国権拡張論とが「相互に無媒介のまま、かれらのイデオロギーのなかに並列させせられており、この両要素がどういう関連に立つかということが、十分に突き止めて考えられていなかった[10]」ことが、後の両要素の分離をもたらしたとされる。この点において自由民権運動より陸羯南をより評価する視点、すなわち個人の自由と国家の独立とを内面的に媒介する論理こそを最重視する視点こそ、この時期の丸山に特徴的である。

したがって、自由民権運動のみならず明治日本のナショナリズムの変質を説明するのもまた、このような媒介の論理の解体である。民権運動の下からの国民的な国権主義は、明治が進むにつれて、むしろ個人の自由を抑圧する上からの藩閥的な国家主義へと吸収されていく。これと連動するように生じたのが、非政治的な個人主義である。とくに日清戦争後、日本の近代化の一応の達成にともない、むしろ感覚的な衝動の解放、「近代的な個人主義と異った、非政治的な個人主義、政治的なものから逃避する、或は国家的なものから逃避する個人主義」[11]（強調は原文）が蔓延する。この結果、一方には個人的内面性に媒介されない国家主義、他方にまったく非政治的な個人主義とが併存、あるいは相互に補完しあうようになる。

さらに、このような個人と国家の内面的媒介の消滅は、歪んだ日本のナショナリズムを生み出していった。民衆の間からの能動的な連帯には依存しえなくなった明治政府の指導者たちは、国家教育によって上からの愛国心の創出へと向かう。このような国家意識の注入に際して用いられたのが、伝統的・家父長的な忠誠と、一次的団体への愛着であった。これらを動員し、国家的統一の具象化としての天皇に集中することで、日本のナショナリズムはウルトラ・ナショナリズムへの道を歩むことになったのである。[12]

以上から明らかなように、この時期の丸山のナショナリズム論は、個人の自由と国家の独立とを内面的に媒介する論理という視点で貫かれている。この論理を軸に、丸山のナショナリズム論を特徴づける以下の諸点を指摘しうるだろう。第一に丸山の「国民」像は、あらゆる夾雑物《きょうざつぶつ》を排除した、自由で平等な個人から構成される等質的な一体性として理解されている。またその前提として、「仲介勢力」あるいは中間権力の排除が必要とされる。そのときはじめて個人と国家の内面的媒介も可能となる。しかしながら重要な点として、この内面的媒介があくまで政治的なものであり、観念やイメージによるものではないことは指摘しておかねばならない。

したがって第二に、この一体性は、封建的家父長制への忠誠や、故郷や環境といった自己と感情的に一体化する一次的集団への愛着とは完全に区別される。国民であるということは、自覚的な決断的行為なのである。たしかに一九四九年度講義で指摘されているように、[13]ナショナリズムには非合理的感情が動員されていることを丸山も否定しない。しかしながら、その非合理的感情があくまで高度な精神形態と矛盾的に統一され、かつまた非合理的感情のうちでも、拡大された自我感情（エゴイズム）と犠牲的精神（アルトゥイズム）とが矛盾的に統一されることで、ナショナリズムは成立する。非合理的感情が無媒介にナショナリズムと接続するのではないのである。

さらに丸山のナショナリズム論の第三の特徴として、ナショナリズムが、国家を超えた世界の認識、視圏の拡大と結びつきうることを繰り返し強調する点があげられる。宮村治雄の指摘するように、[14]異質な社会との遭遇を、「開かれた具体的個性」の自覚とともに受け止めるこの可能性こそ、この時期の丸山のナショナリズム論を支えた関心として認められる。丸山が日本やアジア諸国の置かれた環境の困難を指摘するのも、同じ関心からである。

すなわちヨーロッパにおいては、ローマ教会や神聖ローマ帝国に由来する普遍的な社会という前提があり、主権国家の成立もその普遍的な国際社会との緊張関係において実現した。これに対し日本の場合、国際社会のなかからではなく、むしろそのなかに引き入れられることによって、近代国家としてのスタートを切った。その結果、開国はヨーロッパ世界に対して自らを開くと同時に、国際社会に対し自らを閉ざされた統一体として自覚することを意味した。[15]丸山は、この刻印が以後の日本のナショナリズムに与えた影響は小さくないとする。

以上、丸山のナショナリズム論を考察した上で、最初の問いに戻りたい。丸山において主体の問題とナショナリズムの問題とは、いかなる意味において内在的に結びついていたのか。

前節で検討したように、『日本政治思想史研究』の二つの論文では、丸山が念頭に置くような主体は、徂徠における聖人の作為のように、ゲゼルシャフトや社会契約論へと展開していく可能性の乏しいものであった。このような主体の複数化というアポリアを乗り越えるにあたって、丸山が無意識的にではあれ、ナショナリズムに期待を持ったことは否定できないだろう。あくまで被治者の立場にとどまり、政治的関心を持たなかった江戸時代の庶民にとって、対外的脅威こそが封建的隷属関係を打破するとともに、政治的主体として覚醒し、「国民」となる機会であった。丸山はもちろん、ナショナリズムの毒を自覚した上で、また日本のナショナリズムが実際にその後たどった足どりを冷静に見据えた上でなお、きわめて限定的に、佐久間象山―吉田松陰―福沢諭吉―陸羯南とつづく健全なナショナリズムの系譜の可能性を評価したのである。少なくとも、国家主義、ウルトラ・ナショナリズム、帝国主義に収斂しないナショナリズムの可能性とその条件を模索した丸山の思索は、単に近代日本史の明るい部分だけを恣意的につまんだものでなかったことは確かである。

もちろん、それがきわめて危うい賭けであったことは、繰り返すまでもない。個人に自己を超えた公的なものを観念させると同時に、自らを外に開き自己相対化の契機となるナショナリズム。一方において、非政治的な個人主義、他方において帝国主義的膨張論への頽落《たいらく》の可能性を秘めた、個人のアイデンティティと国民のアイデンティティの危うい均衡。丸山が、仮に一時期ではあれ、このようなリスクを冒してナショナリズム論に踏み込んだ背景に、前節で明らかになった主体のアポリアとその無根拠性の影を見出すことは不可能ではないだろう。

（1）この用語自体は筆者によるものである。次節以下の《自己相対化主体》《結社形成的主体》も同様である。
（2）『集』第五巻、二九二頁。
（3）『講義録』第二冊、一八一―一八四頁。この点について、宮村治雄の解題も参照のこと。
（4）『集』第二巻、二三〇頁。
（5）『集』第二巻、二五三頁。
（6）この点について一九四九年度講義においても、吉田松陰の攘夷論が排外主義を抜け出て、日本社会の批判と、ヨーロッパの制度を「歪みなく」見ようとする努力と結びついたとしている。『講義録』第二冊、九五頁。
（7）『集』第二巻、二一九―二二〇頁。
（8）『講義録』第二冊、一〇八頁。
（9）『集』第三巻、九五頁。

（10）『集』第三巻、二四三頁。
（11）『集』第四巻、七九頁。
（12）『集』第五巻、六八頁。
（13）『講義録』第二冊、二三頁。
（14）『講義録』第二冊解題、二二三頁。
（15）『集』第四巻、六―七頁。

4　福沢論における転回――自己相対化主体

前節で検討したように、初期の丸山を貫くモチーフは、主体とナショナリズムであり、「個人と国家の内面的媒介」こそが、そのキーワードであった。

しかしながら、そのような概念枠組みにすべてが収まりきるわけではない。むしろ、そこからはみ出るものこそ、その後の丸山の思索において重要な地位を占めていくことになる。事実、一九五〇年代半ば以降、丸山がナショナリズムを論じることは稀になっていく。

当然そこから、丸山の研究史の時期区分の問題が浮上してくる。丸山の研究を、『日本政治思想史研究』に代表される初期と、「忠誠と反逆」（一九六〇年）、あるいは「歴史意識の「古層」」（一九七二年）以降の後期とに二分すべきであるとの説を唱える論者は少なくない。しかしながら、この二つの時期の間に、もう一つ別の時期を設定することもまた不可能ではない。(1) この時期の丸山は、一言では規定しにくい、多様な思索を展開している。本章はあえて時期区分論には深入りしないが、この時期の丸山から、前節で検討した《国民主体》の像には収まらない、別の主体像を抽出してみたい。そこで本節ではまず、彼の二つの重要な福沢論文、「福沢に於ける「実学」の転回」と「福沢諭吉の哲学」（ともに一九四七年）を中心として見られる主体像を検討していく。

ところで、その際にもう一つ、丸山における変化の背景として考えておかねばならないことがある。それは丸山とルソー、ヘーゲルとの関係である。というのも、丸山がその研究をスタートした時点で圧倒的にヘーゲルの影響下にあったことは、本人も認めるところであったからである。丸山は南原繁指導の下で助手になった当時、むしろ南原の（新）カント派的方法論や自由主義的思惟様式に批判的であり(2)、逆に南原からは「ヘーゲルは危ないよ」と言われていた(3)。実際、『日本政治思想史研究』の叙述や分析にも、ヘーゲルからの影響が顕著である。

また本章にとって重要なのは、初期の丸山にとって、ルソーが明確にヘーゲルと連続して捉えられていたことである。「ラッセル「西洋哲学史」〈近世〉を読む」（一九四六年）においても丸山は、バートランド・ラッセルのルソー、ヘーゲル評価に不満を示し、両者が近代的自由と国家秩序との内面的なつながりを問題とし、「ヘーゲル国家哲学の本質的な課題は、〝主体性の原理と実体的統一との綜合〟といわれる様に、まさに、上に述べた近代国家に於ける自由の基礎づけにあり、その意味で、ルソーの発展なのだ」(4)（強調は原文）としている。しかしながら、その後丸山は、次第にこのようなルソー、ヘーゲル的なものに批判的になっていく。とくにルソーの民主主義への評価については、後述するように変化が顕著である。ここに、彼の第一の主体像、《国民主体》からのずれを[5]見出すことができるだろう。

まず「福沢に於ける「実学」の転回」であるが、この論文は四年前の福沢論（「福沢に於ける秩序と人間」）と、すでに関心の重点が異なっている。先の論文では福沢の思想史的意義を「国家を個人の内面に媒介せしめたこと」にこそあるとしていたのが、この論文ではもっぱら彼の学問観に焦点が置かれている。丸山によれば、福沢の「実学」は、江戸時代の他の「実学」とはまったく異質である。その意義は、自然を一切の主観的あるいは社会的価値から切り離して捉えること、すなわち客観的自然の発見であった。それを可能にしたのが、環境に対して主体性を自覚した精神であり、無媒介に客観的自然と対決する自己の発見であった。このような精神こそ、社会からの個人の独立を可能にすると、丸山は強調した。

続いて「福沢諭吉の哲学」で丸山は、『文明論之概略』冒頭の「議論の本位を定むる事」に注目する。丸山はそこに、価値判断の相対性の主張を見出す。丸山によれば、福沢はあらゆる立論に絶対的無条件的妥当性を認めず、むしろそのパースペクティブの背後に、他のパースペクティブを可能にする無限の客観的世界が拡がっていることを示そうとした。もちろん、それは客観的真理を否定するためではなく、真理を前もって静止的固定的に捉えることを批判するためであった。このような価値判断の相対性を可能にするのもまた、人間精神の主体的能動性にほかならない。価値を固定化せず、具体的状況に応じて流動化しつつも、判断を回避することなく新しい状況形成に対応していくのに、主体性は欠かせない。

このような主体像は、前節で検討したものとはまったく異質である。この主体にとって、国家との結びつきは関係ない。むしろ重要なのは、「交通」である。丸山によれば、福沢に見られる主体的精神は、個人的な素質や国民性によるものではない。それは「交通」によって可能になるものである。閉鎖社会において思考様式は固定化し、意識は「惑溺」に陥るのに対し、人間相互が複雑多様な交渉関係を持つ社会において、価値判断の源泉は多元化し、精神の主体性も強靭になっていく。「社会的交通（人間交際）の頻繁化こそが爾余《じよ》の一切の変化の原動力にほかならない」[6]（強調は原文）。

この非常に興味深い「交通」の概念であるが、丸山はこれを単に、鉄道や郵便などの物的な意味でのみ捉えているのではない。丸山が、福沢や田口卯吉、藤田茂吉らの明治初期における「文明論」において高く評価するのも、この点である。丸山によれば、彼らは「交通」や「通信」を、何よりも言語と思想の移動として理解していた[7]。このような、「交通」の発展により人間の社会活動が多様化し、その結果として人間精神も活発化する。価値が多様になり、単一の原理から多様な原理へと発展することが、文明の進歩をもたらす。丸山によれば、このような考え方は、フランスのフランソワ・ギゾーを通して福沢にもたらされたものである[8]。あるいは丸山の脳裏には、マルクスの『ドイツ・イデオロギー』におけるキーワードである「交通（Verkehr）」の概念もあったかもしれない。いずれにせよ、国家を超える文明、国境を越えて展開する知と情報の「交通」という主題は、「開国」ともつながる重要なテーマとなっていく。

この論文で顕著なもう一つの点は、多元論者としての福沢像である。丸山は、福沢が「権力の偏重」に対し多元的な自由を対置したとする。「自由の単一支配はもはや自由ではない」[9]（強調は原文）、あるいは「彼（福沢：筆者註）はルソーに反し、又あらゆる狂信的革命家に反し、「自由は強制されえない」事を確信したればこそ、人民にいかなる絶対的価値をも押し付ける事なく、彼等を多元的な価値の前に立たせて自ら思考しつつ、選択させ、自由への途を自主的に歩ませることに己れの終生の任務を見出したのであった」[10]（強調は原文）といった指摘は、明らかにルソーを標的に据えている。ここに、丸山のなかでの、ルソー的なもの、あるいは《国民主体》的なものへの距離感を――それを放棄したわけではないにせよ――見てとれる。

このような丸山の主体像を、《自己相対化主体》と呼ぶことが可能であろう。この主体は、「交通」空間において、たえず自らの思考を反省し、相対化し続けるからである。ただし、それは相対主義とは異なり、むしろ多様な価値のなかで、自らのパースペクティブを、それを超えるものとの緊張関係においてたえず再検討していく精神である。

以下、この《自己相対化主体》像につらなるポイントを、その後の著作のなかから拾っていきたい。「フィクションの精神」「距離をおいた見方（良識）」「ユーモア感覚」「他者感覚」などがそれである。

まずフィクションの精神であるが、丸山によれば、近代精神とは、フィクションの価値と効用を信じ、これを不断に再生産するものである。フィクションは人間精神の製作物であり自然的・直接的なものではないが、「うそ」とも異なる。制度・組織・機構といったものはフィクションであり、直接的な人間関係とは区別される人工的なものであるが、この抽象化された現実を抽象と知りつつ、むしろ尊重する精神が、フィクションの精神である。例えば社会契約論は、たとえや正当化の方便ではなく、現実を律する機能を果たす。逆にこの精神は、フィクションの実体化も排する。「フィクションの意味を信ずる精神というのは、一旦つくられたフィクションを絶対化する精神とはまさに逆で、むしろ本来のフィクションの自己目的化を絶えず防止し、之を相対化すること」[11]（強調は原文）にある。フィクションを実体化すれば、フィクションを使いこなすどころか、むしろそれに支配されることになる。「国体」が、まさにその例にほかならない。

また、物事を距離をおいて見ることもしばしば強調される。[12] 丸山は良識を、物事を距離をおいて見ることと定義する。しかしながら、それは傍観や、物事にコミットしない無責任な態度とは違い、自分自身をも隔離する精神、自分のすべての行動の持つ政治性を冷静に見据える態度である。これは判断力の問題でもある。丸山は具体的状況を無視してアプリオリな理想や理念を振り回すのでもなく、逆に理想や理念を現実と固定的に分離して、状況を固定化して捉えたり、あるいは状況に追随するのでもない、いわば状況的思考が政治的に重要であるとする。[13] そのためには、自己の政治性を、距離をおいて見る良識が必要なのである。

さらにユーモア感覚もまた、丸山が重視するものである。[14] 彼によれば、ユーモア感覚とは政治的成熟や余裕と切っても切り離せない。それゆえイギリスにおいてはユーモア感覚が発達し、独裁者の笑いにはそれが欠けているのである。「政治は情熱を賭けた行動である。だから、距離の間隔が必要である。政治は厳粛で真剣な問題である。だから、生一本の生真面目主義はかえって危険なのである」[15]。丸山によれば、ユーモア感覚とは、自分の目的、自分の志望、自分の観念から自分自身を隔離する能力であり、それがないと自らの観念や思想の奴隷にもなりうる。

最後に、他者感覚があげられる。丸山はマンハイムの「他者を他在において認識すること」という言葉を好んで引用する。彼はこれを、自らの否定する立場を自らのうちに想定し、その立場にたってみて自己と再度対話してみることとしている。この能力の欠如した自己中心的な世界像を、あたかも「自我意識」の目覚めであるかのように錯覚しているのが、戦後の日本にほかならない[16]。逆に他者感覚の欠如した日本において、誰もが自立せず、他人にもたれかかっている結果、自らの個性を否定せざるをえなくなっている[17]。また他の文化を理解するのも、他者感覚である。安易な接合ではなく、「まずそれを徹底的に自己と異るものと措定してこれに対面するという心構え」[18]こそを丸山は重視する。

これらはいずれも、ロマン主義的な自己意識とは正反対のものである。むしろたえず自己に対して距離をとり、自らの思考を相対化し続ける。かといって、それは自己やその現実に対し、アイロニカルな態度をとることでもない。ニヒリスティックな態度をとるどころか、むしろ現実に対して積極的に関与することを促す。たえず状況のなかでの自らの相対性を認識しつつ、それゆえむしろ精神的余裕をもって、現実にコミットしていくのである。

福沢の言葉を借りて、丸山がしばしば指摘する「惑溺」とは、このような態度を失うことにほかならなかった。『「文明論之概略」を読む』で丸山は、福沢の「惑溺」を、「あるものが、その働き如何にかかわらず、それ自身価値があると思いこむ考え方」「そういう内在的価値を無批判的に信仰すること」として定式化している。[19] 目的を忘れた手段の自己目的化は「惑溺」であり、[20] 政治について絶対的なユートピアなど存在しないということを忘れるのも「惑溺」である。[21]

「惑溺」がある種の内在主義であり、フェティシズムであるとすれば、丸山の《自己相対化主体》とは、その内在性に閉じ込められないこと、たえず自己批判的な距離を保つこと、その上で選択し行動することにほかならない。そのために必要なのが、交通であり、他者であった。「主体性とは、たんに内在的なものの外への顕現ではなくて、自らの前におかれた多元的価値からの自主的な選択能力である。思想的選択能力は、一般的に異質的な価値との出会いが多いほど磨かれる」[22]（強調は原文）。交通のなかで自らを開き、それによって自らを変革する主体像は、丸山にとってつねに一つの理想であり、規準であり続けた。

（1）その一つの試みとして、小林正弥「丸山眞男の思想的発展――その全体像の批判的再構成」小林正弥編『丸山眞男論――主体的作為、ファシズム、市民社会』東京大学出版会、二〇〇三年を参照。
（2）『集』第一〇巻、一七六―一七七頁。
（3）『集』第一〇巻、三四〇頁。

(4)『集』第三巻、七七頁。
(5)三宅芳夫は、このずれを丸山における「集権化」と「多元化」への志向として分析している。前掲「丸山真男における「主体」と「ナショナリズム」」、六三―六六頁。
(6)『集』第三巻、一九二頁。
(7)『集』第九巻、一〇五頁。
(8)『集』第一三巻、一二四頁。
(9)『集』第三巻、一八四頁。
(10)『集』第三巻、一八六頁。
(11)『集』第四巻、二三〇頁。
(12)例えば『集』第七巻、一四六―一四七頁。
(13)『講義録』第三冊、一七―二〇頁、『集』第七巻、三〇五―三四五頁。
(14)『講義録』第三冊、二四―二七頁。
(15)『講義録』第三冊、二五頁。
(16)前掲『自己内対話』二四二頁。
(17)同右、一四七頁。
(18)『集』第七巻、二〇二頁。
(19)『集』第一三巻、一〇六頁。
(20)『集』第一三巻、一八三頁。
(21)『集』第一三巻、二一四頁。
(22)『講義録』第六冊、一九頁。

5　丸山におけるトクヴィル的契機——結社形成的主体

ここまで見てきたように、福沢論における強調点の変化こそ、丸山の時々の関心の異同を検討するのに最適の素材を提供してくれている。そこで本節でもまず、福沢論に着目してみたい。『福沢諭吉選集』第四巻 解題」（一九五二年）において丸山は、トクヴィルに言及しているが、それが彼の言うところの「ルソー＝ジャコバン型民主主義」との対比においてであることが注目される。すなわち丸山によれば、福沢は政権（または公権）と私権との均衡と拮抗を重視し、その意味で、「普遍意思（volonté générale）の論理によって、国民と統治機構を一体化するルソー＝ジャコバン型民主主義は明らかに彼（福沢：筆者註）の排するところであった」[1]（強調は原文）。その際に福沢に影響を与えたのが、民主的専制に対するトクヴィルの批判であった。福沢は政治的権力の一体性・集約性は否定しないものの、行政権力の集権が国民の公共精神を減退させると批判し、自由と専制の矛盾的結合に対抗して地方行政の広汎な分散を構想したが、これはトクヴィルの影響によるものであった。福沢は人民の多元的な自発的活動を擁護し、政治権力による干渉を排除しようとしたのである。また「福沢諭吉」（一九五三年）においても、福沢がいわゆる「権力の偏重」を批判するにあたって影響を受けた思想家として、バックル、ギゾーらとともにトクヴィルの名をあげている。[2]

しかし、このように多分にトクヴィルに引きつけられた福沢像は、丸山のそれ以前の福沢像、すなわち国家を個人の内面的自由と媒介させた思想家としての福沢像と、ずれがあるのではなかろうか。たしかにその場合の媒介とはあくまで否定的・矛盾的媒介であり、政権と私権とを対立させる思考と必ずしも矛盾しない。(3) しかしながら、前者の重点があくまで個人と国家の内面的な結合にあるのに対し、後者においてはむしろ両者の間の分離に強調点がある。さらにその根底には民主主義理解の違いがある。前者の民主主義理解が、中間団体の排除によって個人と主権との間に同一性を打ち立てることを目指すという意味で、ルソー的論理に親近性があるのに対し、後者の民主主義理解は、むしろ国家に収斂しない多元的な自発的活動こそを重視するという点でトクヴィル的である。丸山自身が明らかにルソーとトクヴィルとを対比的に捉えているのであり、その上で彼は明示的にルソー的な民主主義を否定している。第二節で検討した丸山の《国民主体》がまさしくルソー的な民主主義であったとすれば、ここに丸山の態度変更を見出すことができる。(4)

いずれにせよ、この時期の丸山のトクヴィルへの傾倒は著しい。とくに重要なのが、自主的結社の重視である。まず『政治の世界』(一九五二年)では、丸山は次のように述べている。「民主主義を現実的に機能させるためには、なによりも何年に一度かの投票が民衆の政治的発言のほとんど唯一の場であるというような現状を根本的に改めて、もっと、民衆の日常生活のなかで、政治的社会的な問題が討議されるような場が与えられねばなりません。それにはまた、政党といった純政治団体だけが下からの意思や利益の伝達体となるのではなく、およそ民間の自主的な組織（voluntary organization）が活潑に活動することによって、そうした民意のルートが多様に形成されることがなにより大事なことです」[5]（強調は原文）。本節では、丸山における、結社を形成することで、多元的な民主政を実現していく主体像に注目していきたい。その際の導きの糸が、丸山におけるトクヴィル的契機なのである。

先の引用がトクヴィル的なのは、自主的結社の強調にとどまらない。丸山は『政治の世界』で、現代社会の特徴として、生産力と交通手段の発達により、政治権力はむしろ支配領域を拡大し浸透力を増したのに対し、大衆はむしろ非政治的態度を示すようになってきていることを指摘する。[6]その結果可能になったのが、民主的基盤の上に立つ独裁政である。丸山はこのような問題に対する処方としての自主的結社を強調しているのであり、結社に期待されているのは、大衆に日常的な政治的経験の場を与えて公共精神を喚起し、それによって画一化に抗して民主主義の健全さを維持する役割であった。このような議論がきわめてトクヴィル的であることは言うまでもない。

「開国」（一九五九年）においても、明治の重要な自主的結社としての明六社の意義が強調されている。明六社が重要なのはその同人の「次元の自立性」にあり、文明開化という現実に対しても一定の距離を保ち、政府の新政策の擁護ではない論説を展開したことにある。「明六社のような非政治的な目的をもった自主的結社が、まさにその立地から政治を含めた時代の重要な課題に対して、不断に批判して行く伝統が根付くところに、はじめて政治主義か文化主義かといった二者択一の思考習慣が打破され、非政治的領域から発する政治的発言という近代市民の日常的モラルが育って行くことが期待される」[7]（強調は原文）。ここで重視されているのは、政治と非政治の対抗と緊張関係である。政治を活性化するためにも、非政治が政治から独立した次元を保ちつつ、政治に対して働きかけていくことが重要であり、その際に人間の自主性・能動性を培養するものとして期待されるのが自主的結社である。このことは、[8]以後の丸山にとって変わらぬ信念となる。[9]

結社論として見逃すことができないのは、「個人析出のさまざまなパターン」（一九六八年）である。丸山はこの論文において、「近代化」の過程における伝統的共同体からの個人の「解放」を普遍的な現象とした上で、析出した個人が社会に対して抱く意識を、四つのタイプに分類している。求心的―遠心的、結社形成的―非結社形成的の二つの座標軸によって区分される四つのタイプは、それぞれ自立化・民主化・私化・原子化と名づけられる。[10]丸山はこの区分を用いて、主に日露戦争後と関東大震災直後のそれぞれ数年を分析しているのだが、そこでの分析のポイントは、個人析出が主に私化と原子化という形で現れた点にある。両事件後に現れた非政治的な青年や知識人（「文学青年」から「モボ・モガ」へ）、あるいはいまだ階級を形成するに至っていない急増した新産業の労働者がそれにあたる。これらの青年や労働者は、運動の高揚期には原子化した形で急進的大衆運動を形成するが、後退期にはむしろ私化へと向かう。すなわち結社形成型への志向が微弱であり、自立化・民主化タイプは少数であった。急進的運動と完全な政治からの逃避とに両極分解してしまったのは、そのためであり、丸山の問題意識はこの点に向けられた。急激な都市化という背景があったにせよ、この結社形成の契機の稀薄さは、丸山にとって深刻な問題であった。

丸山は、福沢もまた、結社形成の伝統の欠如を問題としていたことに注目している。福沢は人が何かの目的で集まることを意味する「カンパニー」の役割を強調し、そこで異なった意見が集められる「仲間の申合せ《もうしあわ》」の習慣が公私にわたって定着することを重視していた。(11) とくに、「私の企て」の伝統が日本社会において欠如し、それゆえ「集議」の精神が生まれてこないことにこそ、日本社会における「権力の偏重」も関わっていると考えた。

丸山は「権力の偏重」に対する結社の精神の欠如を、過去に遡って考察する。結論から言えば、丸山はその一因として「忠誠と反逆」において、次のような指摘をしている。すなわち、徳川体制においてすでに「武士階級だけでなく、寺院・商人・ギルド・邑村の郷紳等の多元的中間勢力の広汎な分散と独立性」が弱体化していたことが、「「身分」や「団体」の抵抗の伝統を底の浅いものとし、それだけ明治政府の一君万民的平均化が比較的容易に行なわれる基盤」となった。(12) 絶対権力による、伝統的中間団体の自主性の解体が、その後の民主主義の発展を規定すると考える点において、トクヴィルの『旧体制と革命』を思わせる分析である。

しかしながら丸山は、封建的中間団体の存続それ自体を願っているわけではない。というのも、近代国家の主権概念成立にあたって、これら中間団体の自主性と自律性が剝奪されるのは、どこの国でも同じであり、そうした歴史的形態そのままの「保存」を願うのは感傷趣味にほかならないと丸山自身明言しているからである。(13) 丸山が問うのは、第一にそのような中間団体の自主性が、なぜそもそも日本において弱かったのかであり、第二にその微弱な伝統すら「近代日本においてなぜ自発的集団のなかに新しく生かされなかったのか」(14)（強調は原文）ということである。

第一の問いへの丸山の解答は、幕藩体制の成立にこそ見出される。丸山は一九六四年から四年間かけて、通史の形式で日本政治思想史を講じているが（『講義録』第四〜第七冊）、幕藩体制の成立は一つの大きな転換期とされている。そこで、戦国大名の割拠の克服以上に重視されているのが、石山本願寺の攻略、キリシタンの弾圧、そして寺請・檀家制度の成立であった。なぜこのような出来事が重要かと言えば、それらが他のいかなる文化圏にも先駆け、例外的に早い世俗化の実現を意味したからである。その結果、政治権力は、「人間の精神と行動を統制する上での最大の社会的ライヴァル」をもはや持たなくなった。[15] しかしながら、歴史的に、宗教の政治からの自立こそ、他の文化の政治からの自立のモデルとなり、宗教教団こそが自発的集団のモデルとなってきた。だとすれば、一切の宗教と宗教団体が地上の権威に従属させられたことは、政治権力による他の文化的諸価値の従属化、現世的な秩序価値の優位の時代をもたらした。日本において、非政治的価値に基づく自発的集団の伝統が稀薄になり、一切の社会集団が政治集団をモデルとする社会的磁場が形成されたのも、そのことに起因する。同時に、同じ原因から、いかなる自発的集団も最大最強の政治集団たる国家というリヴァイアサンに容易に併呑されやすいという事態も生じた。このことが日本の思想文化のあり方に与えた刻印は決定的であった。[16] 福沢の、日本ではあらゆる社会関係に権力の偏重が構造化されているという批判[17]もまた、ここに原因がある。

第二の問い、すなわち微弱ではあったにせよ、残っていた中間団体の伝統が、なぜ新しい自発的集団に生かされなかったのかという問いへの答えは、丸山の明治における家族国家観の分析に見出される。丸山によれば、明治における急速な「近代化」は、伝統的な階層や地方的集団の自立性を解体しつつ、底辺の村落共同体はむしろ温存し、それをそのまま天皇制官僚機構とリンクすることで実現した。それを可能にしたのが、山県有朋の推進した地方「自治制」であり、この共同体を基礎とする地主＝名望家支配であり、そしてさらに両者を正当化するイデオロギーとしての「家族国家」観であった[18]。官僚制機構と村落共同体の間に挟まれた中間層はむしろ、公的あるいは私的な（企業のような）官僚的編成のなかに系列化され、その結果、もはや「社会」を代表して権力に対抗する距離を保持することが不可能になったのである[19]。

このように、自主的中間層が、体制の組織化とともに寄生地主または都市新中間層として系列化されていったことは、重大な帰結をもたらした。丸山は「忠誠と反逆」で、歴史的複合体としての封建的忠誠の思想史的考察を展開しているが、この忠誠は自主的中間層の解体と再組織化により、抵抗のエートスを失い、むしろ「スタティックな分限意識や恭順精神の契機だけ」が、新たな「臣民の道」に継受されることになったと指摘する[20]（強調は原文）。しかしながら、そこで封建的忠誠とされているものは一体何なのだろうか。山本常朝の『葉隠』から大杉栄のアナーキズムまでを、封建的忠誠をキーワードに一つの視座の下に展望しようという――一見、突拍子もなく見える――この論文の意図はどこにあるのだろうか。

丸山がここで重視したのは、忠誠と反逆の問題を自我の次元で問題化しようという内面的衝動である。それはまさしく主体の問題にほかならなかった。丸山は何も『葉隠』の精神を全面的に評価しているわけではない。丸山が『葉隠』の忠誠のなかに、主君に対するパーソナルな忠誠感情と、それに基づく行動エネルギーを見ようとするのは、まさしく苦肉の策である。彼は、そこに体制化し官僚化する幕藩体制に対抗する抵抗の精神を読み取ったのであり、その視座はまた「君君たらずといえども、臣臣たらざるべからず」という観念に、消極的な恭順よりむしろ、被縛性に由来する強い自発性を見出そうとすることにもつながっている。それはまさしく、世界宗教の抑圧により超越性に基づくコミットメントの余地を封鎖された徳川体制における、権力への抵抗の精神のための貴重な源を見出そうとする探究にほかならなかった。この探究はまた、すでに触れた通史形式の『講義録』とも連なるものである。彼はそこで鎌倉武士のエートス、すなわちダイナミックな忠誠感情と、自律的規範意識に注目している。このエートスは、江戸時代には武士の官僚化と同時に儒教的な士大夫倫理に組み込まれながらも、幕末維新期には最終的な噴出を見せた[21]。丸山はそのエートスに、前近代社会における主体性の契機としての重要な意義を見出す。明治三〇年代以降完全に消滅したのが、このエートスに基づく主体性であり、その背景にあったのが中間団体の解体と自発的集団の未発達であった。

それでは、本節で検討してきた自発的集団と結びつくような主体——《結社形成的主体》——とは、いったいどのような主体なのだろうか。また、主体と自発的集団とはどのような関係に立つのか。

丸山が彼の日本政治思想史を貫く視点として重視しているのが、「内面的規範意識とプライド[22]」

である。彼はこの二つを持つ人間像を、日本史のなかから見出そうとする。このような人間像は、伝統的な共同体から内面的に解放されることによってはじめて可能になる。その際に意義を持ったのが、普遍的超越者を有する世界宗教であった。しかしながら徳川体制は、世界宗教である仏教、とくに自律的規範意識を持つ信仰共同体を形成しつつあった一向宗を従属化させ、さらに超越的ではなくても内在的な普遍性の契機を有した儒学を固定した身分体制のなかに埋め込むことで、その普遍性を稀薄化させることに成功した。丸山が自発的集団のモデルとして宗教集団を重視するのは、宗教集団が持つ非政治的な精神的次元と、それに基づく秩序価値への緊張関係に注目したからである。権力に対抗する精神的次元と、それを支える社会的基盤たる自発的集団が失われるならば、そのとき社会は秩序価値によって浸透され、政治権力によって系列化されることを免れない。明治三〇年代以降の、一見したところ多様な（「たこつぼ」的ですらある）複数の集団が、丸山にとって等質的で閉鎖的な集団的分化という意味で、多かれ少なかれ「派閥」に過ぎなかったのは、そのためである。近世初頭における宗教集団の従属化と、明治三〇年代以降の官僚制的再編の間の時期に丸山が模索したのは、そこにかろうじて見出される、抵抗と自立の精神にほかならなかった。

（1）『集』第五巻、二二六頁。
（2）『集』第五巻、三三一頁。
（3）実際、この論文の次節では、再び福沢の「一身独立して一国独立する」に触れ、両者の内面的連関の意義について触れている。
（4）『「文明論之概略」を読む』でも、丸山は「福沢は、「私権」の不可侵性を信ずる自由主義者ではあっても、「公民」と主権者との同一性（アイデンティティ）を前提とするような民主主義者とはついになりませんでした」とし、明らかに福沢とルソー的民主主義とを分離しようとしている（『集』第一四巻、三〇頁）。また「増補版　現代政治の思想と行動　追記・附記」（一九六四年）においては、「民主主義をもっぱら権力と人民という縦の関係からとらえ、多にたいする個体という水平的次元を無視もしくは軽視する」民主主義理解を批判し、「人民」がつねに個と多の緊張をはらんでいることを強調している（『集』第九巻、一七四頁）。
（5）『集』第五巻、一八九頁。
（6）前節では、「交通」は個人の価値判断の源泉を多元化し、精神の主体性を強靭にするものとして言及されていたが、ここではむしろ政治権力拡大を容易にするものとして強調されている。このずれも前節と本節における主体像のずれと緊張の背景として興味深い。
（7）『集』第八巻、八三頁。
（8）同様の指摘として、「社会学辞典執筆項目　政治」『集』第七巻、二九九―三〇〇頁。
（9）トクヴィルにとっても、結社において重要なのはあくまで民事的な（civil）結社であり、民事的結社の発展があってこそ政治的結社も活発化する。宇野重規『デモクラシーを生きる――トクヴィルにおける政治の再発見』（創文社、一九九八年）のとくに第二章第四節を参照。
（10）『集』第九巻、三八三頁。
（11）『集』第一三巻、三五三―三五六頁。
（12）『集』第八巻、二二〇頁。
（13）『集』第八巻、二七五頁。

(14) 同右。
(15)『講義録』第七冊、一四六頁。
(16)『講義録』第六冊、一二七―一三〇頁、および第七冊、一四六―一五〇頁。
(17)『集』第一四巻、一三〇頁。
(18)『集』第七巻、二三七頁。
(19)『集』第八巻、二四〇―二四一頁。
(20)『集』第八巻、二四八頁。
(21)『講義録』第五冊、一四六頁。
(22)『講義録』第五冊、一七四頁。

6　丸山の「複眼性」

以上、丸山における三つの主体像を見てきた。確認すれば、丸山にとっての主体とは、社会的経済的な環境によって規定されつつも、その規定性を認識するとともに、既存の環境を変革していく実践の担い手であった。それは、所与の共同体の権力関係に埋没することなく、既存の秩序と緊張関係に立ち続ける意志とも言い換えられる。しかし、問題は、そのような主体たろうとする意志あるいはエートスはどこから来るのだろうかという点にあり、この問いこそ丸山の全著作を貫く鍵であった。

丸山はこのような主体を、相異なる三つの社会的基盤の上に見出そうとした。第一の主体像は《国民主体》であり、各個人が単なる被治者にとどまらず、むしろ積極的に国家を構成する能動的主体となる国民国家を前提とする。第二の主体像は《自己相対化主体》であり、多様な価値や他者との遭遇によって、自らの思考を反省し相対化することを可能にする交通空間にこそ現れる。そして第三の主体像は《結社形成的主体》であり、非政治的な精神的価値に立脚し、抵抗と自立の精神を培養した自主的結社を基盤とする。

丸山はこの三つの主体像の力点を、著作ごとに、あるいは研究の各時期の関心ごとに、移動させていった。しかしながら、重要なことは、この三つの主体像を丸山の研究歴の時期区分に完全に還元することはできないこと、したがっていずれの主体像も最後まで、決定的に放棄されることはなかったことである。

たしかに、この三つの主体像の間には、摩擦やずれが生じる可能性がある。抜き差しならぬ選択を余儀なくされることもありえよう。例えば国民国家とそれを超える交通空間、同質的・集権的国家と自主的結社。そのいずれを想定するかによって、得られる主体像はまったく異なるものとなる。

しかしながら、本章の結論は、ただ単に丸山には互いに矛盾しあう諸契機が併存しているということを指摘するものではない。ましてや、そこにある矛盾やずれを誇張し、それをもって丸山の研究の非整合性を強調しようというのでもない。むしろ、丸山の思索の過程の最大の意義は——少なくとも最大の意義の一つは——、主体を単一のイメージに収斂させ、ある特定の社会的基盤とだけ対応させることの不可能性を明らかにした点にこそある、というのが本章の強調したいポイントである。

一つの政治的共同体の能動的な構成員たることは、その共同体を相対化する外部の視点を持つことと矛盾しない。また強い政治的コミットメントをすることは、全面的に政治的な価値に没入することを必要としない。むしろ、非政治的な価値に立脚し、政治的共同体を相対化する自主的結社の構成員であることによって、政治に不可欠な緊張感が得られる。だとすれば、丸山にとっての真の主体性とは、むしろこれら主体の諸レベルを自由に行き来することにある、と言うこともできよう。

今日、主体の問題が再び論じられているが、多くの場合、それは主体批判という形式をとっている。その場合、とくに近代の主体と国民国家との結びつきや、その抑圧的側面が注目される。たしかに主体の問題を「国民」と切り離し、国家横断的な政治的主体の可能性を探ることには大きな意義があるだろう。また近代の主体像が、ありうるさまざまな主体像の一つに過ぎないことを指摘することも重要であろう。しかしながら、そのような主体批判が、単に主体の問題を排除したり、主体を相対化したりすることにとどまるならば、非常に問題であると言わねばならない。

これに対して丸山のテクストは、むしろ主体の問いを複数のレベルにおいて捉え、そのことによって近代の主体の狭さを乗り越えていくという道を示唆しているように思われる。この点こそが、本章の注目する最大のポイントであった。国家・交通空間・自主的結社の複数の層を往還する主体によってもたらされる「複眼性」こそ、丸山のテクストを読み続けていくことの可能性の中心ではないだろうか。

自己と自己を規定する所与の現実に対して認識の営みを持続することで、自律的な選択と能動的な秩序形成を実現していく丸山の主体の意義は、今日ますます大きくなっている。

第六章　一九七五年——日本における成熟社会論の知的起源

1 「成熟社会」とは何か

第六章では、戦後日本の転換点としての一九七五年を論じたい。ポイントは成熟社会論である。

成熟社会論とは一九七二年に英国の物理学者デニス・ガボール（一九〇〇―七九）が『成熟社会（*The Mature Society*）』を執筆し、話題となったことに起源を持つ議論である。[1] 高度経済成長が終わりを迎えつつあるなか、物質主義的な大量消費社会からの転換を説き、精神的な豊かさや生活の質の向上を主張したこの著作は、世界的な反響を生み出した。またこのことと関連して、アメリカの政治学者ロナルド・イングルハートは一九七七年に発表した『静かなる革命』において、西洋の産業化した国々では、人々の価値意識や政治意識が物質的豊かさから精神的豊かさに向かっていると指摘し、これを「脱物質主義的」価値への転換と呼んだ。

このような指摘は現在ではさまざまな見直しや修正を受けているが、この時期に起きた価値の転換や発想の変化については、今日なお多くの関心が寄せられている。経済成長を実現した社会において、いかなる変化が生じるのか。それははたして民主政治に影響を及ぼすのか。本章では、このような成熟社会論の諸相を批判的に再検討しつつ、この時期の変化が、その後の民主政治のあり方にいかなる変化を与えたかを検討したい。

それでは日本における成熟社会論の起源をどこに見出すべきであろうか。すでに指摘したデニス・ガボールの『成熟社会』が世界的な反響を生んだのと同じ一九七二年には、人口・資源・エネルギー・食糧などの人類的な危機を訴えるローマ・クラブによる『成長の限界』も発表されている。[3]世界的に見た場合、この一九七二年に成熟社会論の起源を見出すことは、一定の妥当性を持つと言えるだろう。[2]

これに対し、日本の場合はどうだろうか。ローマ・クラブによる『成長の限界』に対してはその発表直後から注目が集まり、これに呼応する議論や運動も始まっている。その意味で、日本における成熟社会論も、世界における趨勢とほぼ同時発生的に始まったと言うこともできる。しかしながら、ここでは、このような世界的な成熟社会論の発展に対し、日本独自の成熟社会論が生まれたのはいつであったかに着目したい。後ほど詳しく見ていくように、日本の成熟社会論には独自な内容と文脈がある。これを分析することは、日本の知的世界における転換を分析することに資するだろう。

本章の仮説としては、日本における成熟社会論の重要な起源の一つとして、一九七五年に着目したい。この年の『中央公論』一一月号には、経済学者の村上泰亮と政治学者の永井陽之助による対談「成熟社会への生涯設計」が掲載されている。[4]同年に、三木武夫首相に対する「私的提言」[5]として、『生涯設計計画――日本型福祉社会のビジョン』が刊行されているが、その取りまとめの中心になった村上と、前年に論考「経済秩序における成熟時間」を発表している永井を組み合わせての対談企画である。二人の問題意識は必ずしも完全に一致しているわけではないが、この時期に、「成熟」が時代のキーワードになりつつあったことをうかがわせる。(6)

日本の高度経済成長は一九五五年に始まり、一九七三年まで続いたとされる。一九七三年一〇月の第四次中東戦争をきっかけに石油価格が高騰し、第一次オイルショックが日本を襲ったが、このような状況を踏まえ、翌七四年頃から日本においても経済成長以降の時代を展望する論考が増えていく。脱産業化論や成熟社会論もそのような文脈において登場したが、一九七五年は、その最初のピークであった。

その際、三木内閣のブレインとして活躍し、『生涯設計計画』の編者を務めた村上の果たした役割は小さくない。(7)理論経済学者であった村上は、この時期に旺盛に『中央公論』をはじめとする総合雑誌に寄稿し、経済にとどまらず、広く政治や社会を論じることになる。一九七五年には『産業社会の病理』、一九七九年には公文俊平・佐藤誠三郎との共著で『文明としてのイエ社会』、(8)さらに一九八四年には『新中間大衆の時代――戦後日本の解剖学』(いずれも中央公論社)を発表している。村上はこの時期の日本の「論壇」を代表する知識人の一人であり、かつての「岩波知識人」に代わる「中公知識人」を代表する論客であったと言える。

ちなみに村上が政権と直接的に関わったのは、三木内閣(一九七四―七六年)のみである。村上としばしば共著で論考を発表した公文や佐藤が、大平正芳内閣（一九七八―八〇年）や中曽根康弘内閣（一九八二―八七年）において活躍し、「大平総理の政策研究会」などで報告書をまとめる際の中心的役割を果たしているのと比べると、村上のコミットメントの対象は三木武夫一人に限定されていたようである。たしかに「大平総理の政策研究会」報告書に見られる論調には、村上の問題関心と相通じる部分が少なからず見受けられ、一定の影響を及ぼしているとも考えられるが、村上自身はその研究会に参加していない。ある意味で、村上は大平研究会のミッシングリンクとも言えるのである。同研究会に対する関心が高まっている今日、その前史として三木内閣期の村上の知的営為を評価することも可能だろう(9)。

ここでは以下、村上の議論を中心に、この時期の成熟社会論の内実と展開を見ていく。この分析を通じて、成熟社会論が日本の社会科学に対して及ぼした影響とその意味を考えることがその目的である。日本において成熟社会論はいかなる展開を示したのか。その知的意味や独自性はどこに見出せるのか。さらに、その影響はどこまで及んでいるのか。これらのテーマについて考えてみたい。

なお、本章は村上の著作を包括的に検討するものではない。あくまで一九七五年前後の村上の成熟社会論に関わる論考のみを対象とするものであり、『文明としてのイエ社会』や『新中間大衆の時代』などについては、関連する論点に言及するにとどめる。また、本章は、村上の議論が現実の政治過程にどの程度の影響を及ぼしたかを検証するものでもない。この論点は、この時期に花開いた、いわゆる「ブレイン政治」とも関連して興味深い主題ではあるが、ここでの関心はあくまで村上らの知的営為を、時代の文脈において読み解くことにある。日本のこの時期における成熟社会論を、それ自体を一つの知的フレームワークとして捉え、その意味を考察することこそが本章の課題である。

(1) デニス・ガボール『成熟社会——新しい文明の選択』林雄二郎訳、講談社、一九七三年。ちなみにデニス・ガボールはハンガリー出身であり、もともとのガーボル・デーネシュの姓と名を倒置し、英語風に発音した呼び方である。

(2) 本章では、「成熟社会論」についての単一の定義を採用していない。この語を用いて一九七二年前後に始まった世界的な論調を中心に、高度経済成長や産業化以降の社会を展望し、そこで価値とされるものについて論じる多様な言説を広く指すものとして理解する。以降で論じるように、そこに盛り込まれる内容や関心は一つに収斂するものではなく、特定の少数の理論家に従うものでもない。

(3) ドネラ・H・メドウズほか『成長の限界——ローマ・クラブ「人類の危機」レポート』大来佐武郎監訳、ダイヤモンド社、一九七二年。

(4) 村上泰亮・永井陽之助「成熟社会への生涯設計」『中央公論』一九七五年一一月号、七八—九二頁。

(5) 本書は、三木首相に対する「私的提言」である旨を強調している。「私たちは、専門家としての意見を求められれば、原則として、誰に対しても率直に見解を披露すべきであると考えており、この「私的提言」を書いたのも、そのような判断に立ったためである(中略)。この「私的提言」が、どの程度まで三木首相自身の考え方と一致し、現実の政策にとり入れられるかは、今後の問題である。現時点においては、この本の内容、とくに具体的諸施策の提言については、私たちが責任を負うのであって、三木首相が直接責任を負う立場にないことは明白である」。村上泰亮・蠟山昌一ほか『生涯設計計画――日本型福祉社会のビジョン』日本経済新聞社、一九七五年、二九六頁。

（6）同じ一九七五年に、のちに村上と共著で本を書く公文俊平が、経済学者のケネス・ボールディングの成熟社会論を紹介している。「最近のボールディングは、来るべき社会を人類の〝成熟社会〟とみなす、あるいは期待する方向に傾いているようである。それは変化の激しい青春時代に比べると、はるかに穏やかで変化の緩やかな時代であるが、さりとて、あらゆるポテンシャルの枯渇した老衰期の定常状態にまでは至っていない」。公文俊平『転換期の世界』講談社学術文庫、一九七八年、八一頁（初出は『月刊エコノミスト』一九七五年二月号）。

（7）三木と村上の関わりについては、三木の秘書であった岩野美代治が次のように述べている。「経済政策については、村上泰亮さん、蠟山政道さん〔原文ママ、蠟山昌一の誤りか〕、鈴木淑夫さんあたりが中心になり、いろいろとやっていました。事務局的な立場は村上さんでした。ライフサイクルも村上さんが中心にまとめました」。岩野美代治『三木武夫秘書回顧録――三角大福中時代を語る』吉田書店、二〇一七年、一六一頁。

（8）村上泰亮・公文俊平・佐藤誠三郎『文明としてのイエ社会』中央公論社、一九七九年。

（9）「大平総理の研究会」については、宇野重規「鈍牛・哲人宰相と知識人たち――大平総理の政策研究会をめぐって」『アステイオン』八一号、二〇一四年、一七二―一八三頁、及び本書第七章を参照。

2　成熟社会論の位相（一）――日本社会の転換点

まずは冒頭に触れた、『中央公論』一九七五年一一月号に掲載された村上と永井の対談について見ておきたい。二人は対談に先立ち、それぞれの論考を発表している。

前年に「経済秩序における成熟時間」を発表した永井は、文字通り、人間の「成熟」の意味を問い直すことから検討を始めている。人間が成熟するにあたって必要なのは、そのための時間の流れである。人間は生まれ、成長して大人となり、老い、そして死んでいく。人間はそれぞれの段階において生きる意味を確認し、それにふさわしい「リズム」と「脈搏」をもって自らの生を実現する。

ところが現代において、均質化した時間を生きる人間はつねに時間に追い立てられ、慌ただしい時間を過ごさざるをえない。「時は金なり」との言葉の通り、時間の価値は金銭ではかられるが、その稀少性は増大するばかりである。結果として、成熟のための時間の過程は破壊され、生の意味は見失われる。「われわれは、日々、時間を無駄にするなと教えられる。だが、人生を無駄にすることについては意に介しないのである」[1]。永井は現代において人間の成熟はきわめて困難になっていると強調する。

本章にとって重要なのは、永井の次の指摘だろう。「現在われわれの直面している根本的な問題のひとつは、衣食住のような絶対的要求（欠乏と稀少性）の充足が中心的課題であった時代（経済学が主役となる時代）から、むしろ対人関係（社会関係）のなかで享受される「名誉価値」（権力、愛情、尊敬、地位、生きがい一般）――ケインズの語でいえば、「相対的価値」の欲求充足の問題にすでに移ってしまっていることである」[2]。永井の目に、現代社会とは生存欲求が至上の時代から、承認欲求の充足が求められる時代への転換の途上にあるものとして映った。経済成長の時代の終わりを迎えるにあたって、人間の生における「成熟」の意味を、とくに人間と人間の関係に着目して論じたことに、永井の論考の意義が見出せるであろう。そしてその際に、人間が象徴を用いる生物であること、広い意味での「文化」こそが重要な役割を果たすという主張をしていることが注目される。

これに対し、村上はどのような議論を展開していたのだろうか。

すでに指摘したように、村上はこの年に、『生涯設計計画』をまとめている。あとがきによれば、村上は編者の一人として総論を執筆しているが、序もまた村上の思考を濃厚に反映したものであろう。この序が強調するのは、日本社会が歴史的な転換期にあるという認識である。日本は高度成長路線から福祉社会の建設へと向かうとともに、明治以来の欧米を範とする近代化からの脱却を求められている。いわば産業化後の「豊かな社会」への対応という世界共通の課題とともに、欧米モデルからの転換という日本独自の課題を同時に達成しなければならないのである。

振りかえってみると、日本社会はこれまで百年間、近代化を目標として欧米諸国のやり方を大幅にとり入れながら前進してきた。しかし経済を中心とした国際比較可能な側面では、昭和四十年代中頃に日本はほぼ欧米に追いついてしまっている。欧米を模範にとるやり方には、明らかに限界がみえてきており、日本人としては、欧米のやり方を排するのでは決してないが、基本的には自分自身の判断で新しい社会の姿を模索しなければならない段階を迎えたのである。(3)

これは興味深い指摘であろう。一九七〇年代に日本は新たな歴史の段階に突入しているが、それは高度経済成長以降の社会への移行であるとともに、欧米諸国に範をとる近代化の終わりでもある。この両者を一体のものとして捉える点に、村上の思考の特徴を見出せるだろう。

その上で序は、新たな人間像として「強い、安定した、自由な個人」を示している。その内実については、この後でさらに検討するが、あくまで個人主義的な理念を提示していること、そしてそれと関連して、個人の人生の「生涯設計(ライフ・サイクル)」という問題提起がなされていることが重要だろう。

「主体的な個人」の理念は戦後日本社会において、多くの知識人によって強調されたものであるが、村上もまた個人主義の理念を掲げつつ、そのなかに込めた内容には、戦後民主主義の論調とは明らかに異質なものが含まれている。この報告は、ナショナル・ミニマムの確保を強調する一方で、それを超えた部分では「自己責任による創意工夫」が必要であるとも指摘している。ここでいう個人主義の理念に、自己責任論的な要素が含まれていることが注目されるだろう。その上で、短期的な視野に陥りがちな現代の個人に対し、生涯を展望するような意識を与え、またそれを可能にする社会保障や住宅環境のあり方を整備する、(4)というのがこの報告の基本的な主張となっている。

その際も、村上があくまで日本的な文脈を強調しているのも興味深い。総論においては「新しい日本的社会システム」が論じられているが、そこでも個人と社会の関係について考慮することが重要とされる。村上によれば、日本社会にはイエやムラに象徴される「集団主義」の伝統があり、これは戦後の社会においても企業組織の内部などに残されている。これに対し、明治以来、個人主義的な価値観が浸透しているが、これは家族や企業や地域共同体といった中間集団の意味を否定するものではない。村上が理想とするのは、法の前の平等、機会の均等などの形式的平等性と、ナショナル・ミニマムによる最小限の生活保障を前提に、個人と集団が自らの役割と影響力を自覚し、自生的にルールと合意を発展させていくことである。目指すべきは、あくまで個人と社会が調和する「分権的な社会システム」であるとされる。

(1) 永井陽之助「経済秩序における成熟時間」『中央公論』一九七四年一二月号、五九頁。
(2) 同右、七三頁。
(3) 前掲『生涯設計計画』iv頁。
(4) この報告書では、「強い、安定した、自由な個人」を可能にするために、持家政策を強調しているのが注目される。この時期における「持家」政策の意味については、砂原庸介『新築がお好きですか?——日本における住宅と政治』ミネルヴァ書房、二〇一八年を参照。

3 成熟社会論の位相(二)——「個人」「幸福」「期待」

以上、それぞれに日本社会の成熟期に向けての移行を検討していた村上と永井の議論は、何を、どの程度共有していたのだろうか。『中央公論』一九七五年一一月号での対談「成熟社会への生涯設計」における両者の議論を確認してみたい。

第一の論点は「計画」と「個人」である。村上らの提言もあって三木内閣は「生涯設計（ライフ・サイクル）計画」をスローガンに掲げるが、これは池田勇人内閣の所得倍増計画や、田中角栄内閣の日本列島改造計画と比べ、個人の生涯というミクロの視点に立っている。「もの」的な意味では一定の充足を得た日本社会において、いかに「計画」が個人の内面や価値観に働きかけられるか。この点を問う永井に対し、村上は「ライフ・サイクル計画」はあくまで「もの」の次元にとどまるものであり、個人の内面領域には立ち入らないと答えている。「生きがい」のような問題は個人に委ね、政策はあくまでもそのための枠組みを準備するにとどめるというのが、その趣旨である。

第二の論点は「幸福」である。すでに指摘したように、生存のための物質的要求から、対人的な承認欲求への移行を重視する永井は、「幸福」についても、「もの」の充足ではなく、自らの社会的・公的な必要性を実感することを強調する。その上で、はたして現在の社会において個人が自らの価値を実感し、アイデンティティを確認できる機会があるかを問題にする。これに対し、村上はやや異なった角度から反応している。村上によれば、イエ社会に代表される日本の集団主義は現在その「解体期」にある。これを前提に、個人と公共の関係を、時間をかけて再建しなければならないという。

イエ社会的な集団主義は解体傾向にあるということを踏まえて、もう一ぺん個人を作り直すようなことが必要なんじゃないだろうか。そこから、かなり時間をかけて、公共と個人のバランスを作り直すという以外に対応の仕方はないんじゃないだろうか。これは、ある意味ではペシミズムなんです。可能性が高いかどうかは問題はあるけれども、条件を整えてみて、そこで一緒に努力をしようじゃないか、というわけなんです。(1)

したがって、「強い、安定した、自由な個人」という場合も、ポイントは日本社会やその集団の伝統的な構造が解体していくなかで、個人主義をいかに立て直していくかにある。そこに村上の強い危機意識がうかがえるだろう。かつての戦後民主主義の議論において、集団主義の伝統に対抗していかに個人主義を確立するかが問題になったとすれば、村上においては、日本的な集団主義が解体するなかで個人をいかに立て直すかにポイントがあるのが興味深いと言える。

第三の論点は政府への「期待」である。この点について、永井と村上はともに国民の政府に対する過大な期待に警鐘を鳴らしている。いまや先進民主主義国において、統治能力の危機が起きているとする日米欧委員会の報告にも触れつつ、永井は肥大化した福祉国家に対して、依然として国民の期待が高いことを問題視する。人々は諸悪の根源をすべて政府にあると考えがちだが、それは裏返しに政府への過信があることを意味する。このような過大な期待はむしろ、政府への依存や政府による介入拡大にもつながる。この点について「ライフ・サイクル計画」が意識的であることを、永井は評価する。

このような永井の指摘に同意しつつも、村上は「政府が与えるべきものを与えないで、与えなくていいものを与えているという面がある」[2]と発言している。例えば土地私有権の制限や住宅政策について、村上は、政府がより積極的に役割を果たすべきであると主張する。公害問題も同様であり、村上の議論は単純な「小さな政府」主義というよりは、個人と公共のより明確な責任分担にあることがうかがえる。関連して村上は、「ミニマムなルール」を再建する必要を説いている。明確なルールがあってこそ、個人の具体的な生の選択も可能になるというのが村上の主張である。

全体を通じて、永井の議論があくまで先進国に共通の成熟社会問題を論じているのに対し、村上は日本社会の構造転換に対する関心が目立つ。永井の関心が経済第一主義の批判や個人のアイデンティティ問題にあるとすれば、村上の問題意識は日本における集団主義の行方や新たな公と私のルール形成にある。また、両者はともに個人主義の再建を重視し、政府への過大な期待に警鐘を鳴らしているが、村上の方が、同時に政府の一定の役割も指摘している。「(政治家が)本当の政治をすべき時代がきた」という村上の締めくくりの言葉が印象に残る。

(1) 村上・永井「成熟社会への生涯設計」、八二―八三頁。
(2) 同右、八九頁。

4　産業社会論

以上、「個人」「幸福」「期待」などの論点を振り返りつつ、一九七五年の時点に焦点を置いた成熟社会論の位相を確認してきた。本章では引き続き、村上の同年の著作『産業社会の病理』を中心に、日本社会における成熟社会論を構成する諸要素について検討していきたい。『産業社会の病理』こそ、この時期の村上の問題意識をもっとも包括的に表現した著作であり、そこに内包される多様な議論を分析することで、この時期における日本の成熟社会論の意義と本質が明らかになるであろう。

その第一の要素は「産業社会論」である。「産業社会（industrial society）」とは、この時期の村上の議論の中心的な枠組みであると同時に、高度経済成長から成熟社会へと向かう世界に広く見られた視座の一つである。

言葉の起源としては、一九世紀フランスの思想家サン＝シモンがあげられる。(1) 初期社会主義者の一人として知られるサン＝シモンは、一八一六年から『産業』四巻本を刊行し、「産業主義」や「産業体制」を提唱した。その議論の本質は、封建体制から産業体制への移行を主張するものであり、産業の発展こそが、経済的自由のみならず、政治的自由の発展につながると説く。自由な社会こそが産業の発展をもたらし、産業の発展が自由な社会を実現するように、自由と産業発展の不可分な関係を重視するのが特徴的である。経済的自由に限らず、およそ自由一般を実現するための社会の根本的な再組織化を主張する点に、「産業社会論」の本質の一つを見出せる。

サン＝シモンの産業社会論には、経済を論じる際に、政治はもちろん、文化との関係に着目するなど、村上の議論にもつながる側面が見られる。また、科学を重視し、自然科学から社会科学までを包括する学問の総合性への志向を強く持つ点も、村上と共通している。その意味からすれば、村上の産業社会論とは、サン＝シモン的な思考法を継承しつつも、いまや産業社会の発展が新たな段階を迎えているという認識の下、産業化を超える新たな社会的組織化の原理と、そのための総合的な社会科学を構想する議論として理解することができるだろう。(2)

ちなみに、経済学者・社会学者の稲葉振一郎は、このような産業社会論が、マルクス主義的な資本主義社会論に対抗しつつ、社会主義とは異なる、西側の自由主義社会を正当化する言説としてこの時期に大きな影響力を持ったと論じている。(3) 代表的な論者として、稲葉はフランスのレイモン・アロンや、アメリカのクラーク・カー、ピーター・ドラッカーなどをあげている。彼らは自由市場体制と議会制民主主義を擁護しつつ、マルクス主義に対抗する総合的な社会科学の体系を構築しようとした。村上もまた、そのような世界的な知の流れに属していた一人として理解することができる。

その意味からすれば、産業社会論のねらいは、西側における高度経済成長と福祉国家の実現を背景に、資本主義と社会主義というイデオロギー対立を乗り越える視座を提示することにあった。産業社会論の視座によれば、ケインズ主義的な福祉国家政策によって、いまや伝統的な階級対立は過去のものとなりつつある。政府の適切な経済への介入と産業政策により、「豊かな社会」が実現されたのであり、もはや完全な計画経済でもなければ、純粋な市場経済でもない「混合経済」しか、現代先進国にとっての選択肢は存在しない。資本主義か社会主義かという古い論争は有効ではなく、いわばすべては産業社会へと収斂しつつある。このような主張に、産業社会論がこの時期に果たした一定のイデオロギー的性格を見てとることができるだろう。

産業社会論の特徴として、稲葉が多元主義を指摘している点も重要である。マルクス主義がいわば経済中心主義であったとすれば、産業社会論は政治や経済、文化の領域の一定の自律性を認めている。純粋に経済学的な議論というよりは社会学的な議論を大幅に導入しており、単純な生産関係による決定論を排し、近代社会の多元性を重視する点に特徴があったと言える。この立場からすれば、近代化とは単一の現象ではなく、政治的近代化、経済的近代化、文化的近代化などの複合から成るものであった。

このうちとくに、文化の領域を重視するのも、この時期の産業社会論の特徴である。もっとも有名な議論は、ダニエル・ベルの『資本主義の文化的矛盾』（一九七六年）であろう。高度経済成長の結果、人々の勤労倫理や革新意欲が衰退する「先進国病」にかかってしまっている。産業社会は、その発展によってむしろ自らを支えるべきエートスやモラルを解体しているのではないか。このような問題意識は村上にも共通して見られるものである。

村上は『産業社会の病理』で次のように論じている。産業社会の発展により人々は生存の必要から自由になったが、そのような人間は生きることとの意味をどこに見出すか。生存を超えた永遠性と卓越性をいかに獲得することができるのか。その一方で、人間社会の技術的発展は地球的限界に届きつつある。資源の逼迫《ひっぱく》が起きるなか、反成長主義の論調も高まりつつある。人間はいかにして内と外のバランスを取り戻すことが可能か。このような諸問題に答えることができない限り、産業社会はその病理のうちに沈むと村上は主張する。

村上はこれらの課題をとくに個人主義の問題として位置づける。産業社会の基本的な価値観は業績に基づくものであり、マックス・ウェーバーがいうように、あらゆる行為はその目的をいかに達成するかによって評価される。しかしながら、そのような傾向はやがて、手段としての行動の能動主義と究極目的の喪失をもたらす。エリートとしての自覚と誇りに依拠する高等教養主義も失われ、人々は生きがいを求めて右往左往するようになる。

村上は、何らかの目的のためではなく、行動それ自体の価値が求められる傾向を指して「コンサマトリー化（自己充足化）」と呼ぶ。それは一時的な快楽主義に向かうこともあれば、倫理や宗教などへの献身に向かうこともある。いずれにせよ、行為がもたらす結果ではなく、行為それ自体が価値とされることへの欲求に基づく。このように論じた上で、コンサマトリー化した個人主義は、やがて産業社会の統合を脅かすようになると、村上は指摘する。

新しい個人主義を育てたのは豊かさである。しかしその個人主義はコンサマトリー化することによって、豊かさを作り出した産業化の根柢《こんてい》をほりくずす傾向をもっている。政治＝経済＝文化のトータルシステムとして考えたとき、資本主義型産業社会は自己崩壊的な傾向を含むことになる(4)。

結局、大衆の一人一人が、コンサマトリーな要求と、手段合理的な必要との両者とを認識し、その間の分裂に耐えるだけの強さを持たなければならない。それは、大衆がかつての貴族以上のものになることを意味するだろう。しかしそれが果されなければ、産業社会は人類史上の愚かなエピソードの一つにすぎないものとなるのではないだろうか(5)。

最終的に村上は、産業社会の自己崩壊を食い止めるためには、一人ひとりの個人が、社会の一員として目的合理的に行動すると同時に、行為それ自体の価値を追い求め、何らかの卓越的理想の追求を続けることに期待する。しかしながら、それがはたして可能なのか、『産業社会の病理』に明確な答えは見当たらない。村上の産業社会論は、ある意味で精神的な貴族主義へと行き着いたとも言える。それは高度経済以降の日本社会における、価値の喪失についての村上の危機意識を反映したものであった。

（1）サン＝シモンの理解については、中嶋洋平の研究が有益である。以下の議論も、中嶋の著作に基づく。中嶋洋平『サン＝シモンとは何者か——科学、産業、そしてヨーロッパ』吉田書店、二〇一八年。
(2) 村上自身は、産業社会を「(一)高度の分業を達成し(二)科学技術の革新に基づいて(三)高水準の投資を行う社会」と定義している。村上泰亮『産業社会の病理』中公クラシックス、二〇一〇年、二八頁(原本は一九七五年刊行)。
(3) 稲葉振一郎『「新自由主義」の妖怪——資本主義史論の試み』亜紀書房、二〇一八年。
(4) 村上『産業社会の病理』、一九二頁。
(5) 同右、二〇〇頁。

5　保守主義の回帰

村上の成熟社会論の第二の要素は「保守主義」である。興味深いことに、この時期における村上の成熟社会論は、「保守主義の回帰」という論点と深く結びついている。稲葉が指摘するように、この時期の産業社会論のねらいの一つは、福祉国家の下における自由民主主義体制の肯定にあった。その意味で、村上の議論が保守主義の再評価と結びつくことは意外ではないが、日本における独特な文脈もあって、成熟社会論がとくに保守主義論に結びついていたことが注目される。

高度経済成長期、日本の戦後保守主義は独特な困難に直面することになった。自民党の政治家石田博英は、一九六三年に雑誌『中央公論』に「保守政党のビジョン」と題する論考を発表した。(1) このなかで石田は、経済が成長し、都市化が進むにつれて、農村部に支持基盤を持つ日本の保守政治も衰えると予測した。公害問題の影響などもあって革新自治体が増加するなか、保守主義の側において危機意識が高まったのである。この問題提起を受けて、さまざまな保守政治の「近代化」を目指す改革論が登場することになったのが、一九六〇年代後半から七〇年代前半にかけての状況であった。

これに対し、村上の議論は新たな段階を示すものである。村上は佐藤誠三郎、公文俊平とともに「脱「保革」時代の到来」という論文を『中央公論』(一九七七年二月号)に発表している。ここで村上らは、日本における「保守」と「革新」の意義の変化を次のように論じている。

村上らによれば、明治以降、欧米へのキャッチアップを課題として、官僚主導の下で発展した日本政治は、経済成長の実現によって変容を余儀なくされている。その要因は「追いつき型近代化という目標の達成」と「新しい中間階層の成立」にあった。結果として「保革」の意味内容は変化し、日本政治は「保革」対立以降の段階に入ろうとしている。

保守主義とは本来、社会の変化の不可避性を承認しつつ、その一方で過去からの経験の蓄積を重視するものである。結果として「良き伝統」を保持するためには改革を厭わないという姿勢こそが保守主義の本質となる。これに対し革新主義は、理性が経験に先立ち真理を把握する力を持つと考え、あくまで理性の力を信頼するユートピア主義を志向する点に特徴があった。

このような保革本来のあり方に対し、「追いつくための近代化」を目指した日本の近代においては、状況がやや異なってくる。欧米をモデルとして近代化を進めた日本の場合、欧米の制度や文物を導入する指導層が「保守」となり、これを批判する側が「革新」となったのである。「追いつき型近代化」の現実化を担当し、そのために必要な妥協を行った「保守」が思想的・文化的な無原則性を批判されたのに対し、無原則的妥協に支えられた現実の変革を批判した「革新」は、あくまで目標とすべきユートピア的社会理念を固守した。いわば、保守が「保守的」手法によって現実を「革新」し、革新が「革新的理念」を「保守」するという役割分業を果たしたのである。結果として、日本の保守はついに保守主義としての思想を持ちえず、逆に革新は「正しくはあるが無力な」批判を続けることになったと村上らは指摘する。

しかしながら、経済成長の実現により、いまや日本社会は大きく変わりつつある。欧米がもはやユートピア的なモデルではなくなる一方、日本社会に「新しい中間階層」が成長しつつあるからである。このような「新しい中間階層」は一定の生活水準を享受することで、経済成長の既得権者となった。彼らは達成された生活水準を守ろうとするが、同時に漠然とした不満も持ち続ける。

結果として、ユートピアモデルを失った革新が衰退するとともに、保守もまた何を保守するのかを問われることになる。保革がともにそれまでの基盤を失い、浮動化する有権者によってその意義を問い直されるようになったのである。以上の検討を踏まえ、村上らは「自由主義制度[2]」についての合意、およびそれを踏まえての新たな政党再編、さらに、情報公開の下での「政策体系に責任をもつ政治」や、地域における文化の育成を訴えている。これらの論点も、一部が大平研究会などに継承されることになった。

注目すべきは、一九七七年の段階ではまだ、従来の保革の対立図式が崩れるなか、村上らが新たな政治的構図を描くに至っていないことである。前年の衆議院選では、自民党が金権体質を批判される一方、社会党や共産党も伸び悩み、新自由クラブの出現によって保革のあり方に変化が見られていた。これを受けて、村上らの論考も、従来型の保革図式の無効化と、自由主義制度への合意を指摘するにとどまっている。

これに対し、一九八四年の『新中間大衆の時代』においては、より積極的に「新中間大衆」の「保守回帰」を論じるようになっている。一九七七年の時点では、新たな中間層の政治的行方について判断を留保していたのが、八四年においては、彼らが保守主義の新たな支持基盤となりつつあると明確に主張するに至っているのである。このような村上らの判断は世論調査における自民党支持の回復を受けてのものであるが、ある意味で一九八六年の中曽根政権における衆参同日選挙の圧勝を予言している点で興味深い。

保守回帰の理由として、村上は当時しばしば論じられたようなナショナリズムの復活としての側面は弱いとする。むしろ、自民党への弱い支持、いわば浮動票が保守回帰へ向かっているのであり、その背景には、自民党が伝統志向型を脱して利益志向型に変化し、包括政党化している事実があった。都市消費者を中核とする「新中間大衆」は私生活中心主義であり、これを「顧客」として日本における「豊かな社会」を完成させたことが自民党支持増大の原因であったと村上は結論づけている。

その上で村上は、「追いつき型発展」を達成した後発国型保守主義は、もはや原理的反対党に対抗するだけでは意味を持たないとも指摘する。「日本の保守主義は、百年余の近代化の努力の後にいま初めて「新しい保守主義」の原則を求めている」[3]。高度経済成長による「豊かな社会」の実現は「保守回帰」をもたらしたが、日本の近代化の終焉が、あらためて保守主義の原則の再確認という課題を提起しているのである。成熟社会においてこそ保守主義の意義が問われるという点は、興味深い指摘であろう。

（1） 石田博英「保守政党のビジョン」『中央公論』一九六三年一月号、八八―九七頁。
（2） 村上らは、「自由主義制度」として、以下の要素をあげている。「(i)複数政党下の議会制 (ii)これ以上統制的でない経済 (iii)機会の平等化とナショナルミニマムの保障、およびそれらを超える面での自由な活動という形の組み合せ (iv)控えめな自衛力」（佐藤誠三郎・公文俊平・村上泰亮「脱「保革」時代の到来」『中央公論』一九七七年二月号、八七頁）。
（3） 村上泰亮『新中間大衆の時代――戦後日本の解剖学』中公文庫、一九八七年、二六六頁（原本は一九八四年刊行）。

6 日本社会の伝統への着目

村上に焦点を絞ったこの時期の成熟社会論の要素として、第三に「日本社会の伝統への着目」をあげられるだろう。ここまで繰り返し述べてきたように、村上は一九七〇年代に日本が迎えた転換点について、「高度経済成長以降の成熟社会への移行」を「欧米を範にとる近代化の終焉」と重ね合わせて捉えた。結果として出てくるのが、「近代化以前の日本社会の再評価」という論点である。明治以降の近代化は、それ以前の日本社会における歴史の伝統や社会のあり方との断絶をもたらすものであった。したがって、そのような意味での近代化の終わりは、同時に近代化以前の日本社会の再検討を促したのである。

すでに論じた『産業社会の病理』において、村上は第九章を「日本近代化の構造」と題して、この課題に答えようとしている。同じ産業社会であっても、日本の発展が欧米のそれと異なるのはキリスト教の有無による。産業社会に必要な手段的能動主義を発展させるにあたって、神と個人を切り離した上で直面させるプロテスタント型の宗教を介した西欧型に対し、日本の場合は独特な集団主義の伝統が重要であったと村上は指摘する。

その背景には、江戸時代の日本社会において、朱子学的合理主義に対して徂徠学や宣長学が発展し、独特な合理主義を形成したこと、勤労や節倹などの世俗内禁欲主義が発展したこと、さらに修養や教育への関心が高まったことなどがあった。しかしながら、村上によれば、それらは産業化に向けての価値観のための予備的条件ではあっても、近代化を始動させる十分なバネとはならなかった。むしろ決定的な重要性を持ったのは、日本的な同族的集団主義であった。

この議論はのちに、佐藤、公文との共著『文明としてのイエ社会』にまとめられるが、そのアウトラインはすでにこの時点で描かれている。村上はまず、集団主義にも種類があり、日本において支配的なのは、利害を超えた情動的結合に基づく同族型であるという。一般に同族型の集団主義には規模の限界があり、産業化の要請と矛盾する側面を持つ。しかしながら、日本の場合、本家と分家の関係や、血縁よりも同居性に同族の基準を見出す点などに独自性があり、規模の拡大にもある程度対応することができた。さらに首長は実際には集団の執行機能を担わず、集団の構成員の忠誠は首長の人物ではなく、その地位へと向けられた。結果として忠誠は非人格なものとなり、集団の支配はより広い範囲に及ぶことになった。

さらに日本のムラ共同体は、氏神と祭を通じて一体感を醸成し、自給自足の単位として、共同農業生産のための勤労主義を発展させた。秩序への服従を前提に構成員に保護を与え、政治における全員一致主義を掲げることで、ムラ共同体もまた非支配的な集団主義の性格を持つことになった。このような日本のムラ共同体は、中国や朝鮮における大家族主義とは異質なものであり、長期間にわたる運用を経て、単なる血縁や地縁を超えて拡大するようになった。

このようにして、日本におけるイエとムラは血縁より同居という機能的事実を重視することによって、情動的結合に基づきつつも機能的に開かれた集団となった。両者があいまって、徳川期の日本において、同族型集団主義が統合原理として半ば意識的に採用され、これが日本の産業化に向けての能動主義を準備したというのが、村上（と佐藤、公文の）の仮説である。

このような日本のイエ—ムラ型組織のモデルは、明治の近代化以降、産業化に向けての規模拡大への阻害要因となりつつも、人々の情動的結合への心理的欲求をもたらした。結果として、明治政府が武家組織を解体し、中央政府の権力を強化する一方、同族型集団主義は産業化の要請に応えつつ、姿を変えて生き残ることになる。都会に集まった独身の学生や労働者はムラの代用物を求め、郷党組織、学校閥、都会の町内会などを作り出すが、最大のイエ―ムラ型組織は大企業組織であった。終身雇用制、年功賃金制、企業内福祉制度などによって、企業は新たなイエ―ムラとなり、地方から流入した若者たちを定着させるとともに、その同族型集団主義の心理をも定着させたのである。

第一次大戦以降の時期は日本的同族型集団主義のより一層の定着期であり、このような統合原理はさらに、第二次大戦後の社会においても生き残ることになる。戦後においてナショナルなレベルでの同族型集団主義は後退し、地域の伝統的な農村的秩序も解体していった。結果として、都会における企業家族主義が、もっぱら日本の同族型集団主義として花開くことになったのである。

問題は、日本の産業社会の今後の展望である。村上は、このような日本的な同族型集団主義が日本に真の個人主義をもたらさなかったことを認めつつ、その一方で丸山眞男や大塚久雄に代表される「欠如型発想」を批判し、そのような発想は日本における新たな原動力にはならないと指摘する。現代日本の課題は、欧米を範にとる近代化の終焉による目標の喪失であり、個人主義の発展による手段的能動主義の弱体化である。結果として、家郷を失った日本の擬似的な個人主義は、亢進《こうしん》するばかりであろう。そうだとすれば、同族的結合に依存する日本的心性が今後も持続することを前提に、新たな未来図を模索すべきではないか。村上は日本の伝統の再検討を行った上で、そのように結論づけているように思われる。

もちろん、これまで西欧に追いつき追い越せという大目標によって正当性を与えられ、擬似ムラ集団の間の利害調整にあたってきた日本の官僚主義のスタイルが、このまま続くとは思われない。むしろ重要なのは、人々のより広範な合意を獲得できるような目標の発見である。官僚制による新たな家郷の再建についてやや両義的な姿勢を示しつつ、村上は議論を終えている。

7 日本の成熟社会論の意義

以上、一九七五年の村上泰亮の議論を中心に、日本における成熟社会論の展開を見てきた。経済成長を至上とする時代の終焉を迎え、環境問題など、地球規模での人類の危機への意識が高まるなか、物質的価値に変わる新たな価値観やライフスタイルを模索したのが同時期の成熟社会論の特徴であった。このような議論は、ローマ・クラブによる『成長の限界』報告もあって世界的な議論の潮流となったが、オイルショックによって高度経済成長の終わりを迎えた日本においても、それに呼応する議論が展開された。

しかしながら、ここまで見てきたように、「日本型」の成熟社会論にはいくつかの固有の特徴があった。何よりも経済成長の終焉を、欧米を範にとる近代化の終わりと重ね合わせて捉えた点に、日本における独特な問題意識が見て取れる。物質的価値に代わる新たな価値の模索は、同時に、日本の伝統社会の意義の模索と結びついたのである。その際に、西欧におけるプロテスタンティズムの機能的代替物として、日本独自のイエ—ムラ型組織に着目したのが、村上らの議論の特色であった。

このような村上の議論は、悪しき文化決定論の典型として、今日ではむしろ批判の対象となるだろう。しかしながら、成熟社会を迎えるにあたって、社会の大目標が失われ、擬似的な個人主義が進むなかで、産業社会はいかに維持可能なのかという村上の問題意識それ自体は、理解可能なものである。その際に、日本的組織原理の伝統を前提に、新たな個人と社会のバランスを模索しようとする村上の議論が、まったく無意味なものとは思えない。そうだとすれば、この時期の村上らの成熟社会論から、私たちはいったい何を継承すべきであろうか。

第一に村上の産業社会論の枠組みである。産業社会論とは、産業の発展を自由の成長と結びつけ、両者の不可分性を強調する視点であった。その際に、政治、経済、文化などの各領域の自律性を重視し、単純な経済力決定論を取らない点に、村上の産業社会論のポイントがあった。さらに近代を政治的近代、経済的近代、文化的近代の複合として捉え、それぞれの関係や矛盾を検討するとともに、それにふさわしい総合的な社会科学のあり方を模索したことも重要である。このような村上の議論には、福祉国家の下における官僚主導の行政国家に対する評価など、今日的に見れば、そのままでは受け入れがたい部分も少なくない。とはいえ、成熟社会を迎えて新たな社会の枠組みを構想するにあたり、社会システムを複合的に捉え、システム間の関係を考察することの意義は小さくないだろう。とくに文化の領域に着目し、これと経済・政治領域の矛盾を考察する視座は今日なお示唆的である。

第二に保守主義をめぐる考察も興味深い。産業化を迎えた社会において変化は必然であるとしても、人間の理性を信頼し、その変革能力に期待する革新主義に対し、むしろ人間の理性の限界に着目し、伝統を重視する点に保守主義の本質がある。ところが、明治以降の日本の場合、保守の側がプラグマティックに変革を主導し、革新の側が原理的な批判を行うという役割分担を行ってきた。結果的に保守の側が現実の「革新」を実践し、革新の側が原理の「保守」を担うという逆説的な状況が続いた。ところが、経済成長の終焉とともに西欧諸国へのキャッチアップという課題を果たした日本社会において、目指すべき目標の喪失によって革新の側が力を失うとともに、保守の側も自らを見失うようになる。経済成長の既得権者となった「新中間大衆」がむしろ保守の側に回帰するとしても、その支持は流動的であり、新たな哲学なき保守主義が迷走するという村上の指摘は、ある意味でその後の日本政治の適切な予言であったとも言える。

第三に伝統を踏まえた日本社会の未来像である。村上の見るところ、日本社会の伝統において特徴的なのは、情動的結合に基づきつつも、開かれた機能組織としての側面も併せ持つ独自の集団主義であった。このような集団主義は、個人主義がますます高まりを見せる今日、そのままでは維持不能であることは言うまでもない。しかしながら、個人主義は地域コミュニティなどさまざまな中間集団と原理的に矛盾するものではない。むしろ、日本社会の伝統は、このような中間集団を組み込んだ「分権的な社会システム」であった。そうだとすれば、二一世紀の現状を踏まえ、新たな分権的社会を構想することこそが、村上の知的遺産を継承することになるのではないか。その際に、行政はあくまでナショナル・ミニマムの確保に努めるべきであり、個人の生きがいといった問題は個人に委ねるべきであるとする村上の議論も示唆的である。

このように一九七五年に一つのピークを迎えた日本の成熟社会論は、そのイデオロギー性、時代制約的な側面が厳しく検証されるべきであるが、それでもなお、今日に対し、一定の理論的意義を持つものである。その起源をたどり、射程を検討することで、戦後日本の社会科学の見直しを続けることが重要であろう。

第七章　一九七九／一九八〇年——日本の戦後保守主義の転換点

すべては一九七九年に始まった?

第七章は、一九七〇年代における日本の第二の転換点として、一九七九/八〇年に注目してみたい。この年は世界にとってと同様、日本の保守主義にとっての大きな転換点であった。この転換を、総理大臣であった大平正芳(一九一〇―八〇)の政策研究会を中心に考えてみたい[1]。

一九七九年はイギリスでサッチャー政権が誕生し、中国で鄧小平による開放政策が本格化するなど、その後の市場化への流れを加速する重要な転機であった。同時にイランでホメイニ革命が起き、ソ連のアフガニスタン侵攻に対する抵抗運動が活発化するなど、現代におけるイスラム復興の起点となる年でもあった。今から振り返れば、市場化と宗教の時代の始まりを予告する年であったと言えるだろう。

『すべては1979年から始まった――21世紀を方向づけた反逆者たち[2]』を執筆したジャーナリストのクリスチャン・カリルは、このような諸事件に加え、この年、ローマ法王ヨハネ・パウロ二世がその故郷であるポーランドを訪問したことにも触れている[3]。この出来事が、ポーランドにおける社会主義体制からの転換の第一歩になったとすれば、この年は社会主義の「終わりの始まり」という点でも記憶されることになるだろう。

二〇世紀が実質的には、一九一七年のロシア革命とともに始まり、一九八九年のベルリンの壁崩壊で終わったとすれば、この世紀はまさに「社会主義というオルタナティブ」とともにあった一世紀であった。その意味からすれば、ベルリンの壁崩壊に一〇年先立つ一九七九年の時点において、すでに「社会主義というオルタナティブ」は失われつつあったと言えるだろう。そしてそれに代わる社会の推進力が一方において「市場」に、他方において「宗教」に求められるようになったことを、一九七九年に起きた出来事は示している。

それでは、このような世界の動きを背景に、日本を位置づけるとどうなるだろうか。今から思えば実に皮肉であるが、エズラ・ヴォーゲルが *Japan as Number One*（『ジャパン・アズ・ナンバーワン』）を発表したのが、奇しくも一九七九年であった。世界が新たな方向性を模索し始めたまさに同じ年、「日本礼讃」の書物が刊行されたことになる。

実際には、ヴォーゲルがこの本を書いたのはもちろん、日本を礼讃するためではなかった。日本の経済的発展を素材に、アメリカがそれにどう向き合うか。アメリカ社会の再検討のためのこの本は、日本ではむしろ手放しの日本礼賛論として受け入れられた。この本にそそのかされたわけではあるまいが、独特な日本社会の自己肯定感がその後の政治的・社会的言説に目立っていく。

ある意味で、一九七九年とは日本社会が、「市場」でもなく「宗教」でもない、自らの status quo（現状）の維持を選んでしまった年なのかもしれない。本章では、このような問題意識から、一九七九年に発足したある研究会の軌跡を探ってみたい。この研究会が日本社会に残したプラスとマイナスの遺産を振り返ることで、日本社会がこの時に選択したものを考えることがその目的である。

大平首相の研究会

一九七九年、日本ではその前年末に発足した大平正芳の政権が始動した。大平は吉田茂以来の日本の保守本流を継承すると同時に、経済成長以後の日本の新たな未来像を模索する政治家であった。彼は一月二五日の施政方針演説で、日本社会の新たな課題として、「近代化」から「超近代」へ、また「経済の時代」から「文化の時代」への転換を主張している。

大平は本気であった。彼は直ちに九つの政策研究グループから成る「大平総理の政策研究会」を発足させた。「田園都市」「環太平洋連帯」「文化の時代」といった研究テーマは大平自身のイニシアティブの下で決定され、梅棹忠夫、内田忠夫、大来佐武郎《おおきたさぶろう》ら各グループの議長の多くも、大平の指名によるものであった。(4) まさに首相肝いりの研究会であり、大平自身、熱心にこの研究会に参加して、若手・中堅の学者や官僚たちの議論に耳を傾けたという。

この研究会は一九八〇年の大平の急死により、政治的にはほとんど実を結ぶことはなかった。生前に大平のもとに届いたのは三つのグループの報告書だけであり、多くは彼の死後に慌ただしく取りまとめられた。後に、その一部が中曽根康弘首相によって取り上げられたものの、後述するように、その間には大きな違いがある。大平の試みは、それ自体としては、不発に終わったと言わざるをえない。

しかしながら、この研究会はけっして無意味ではなかった。何より、この研究会は一九七〇年代のオイルショックを乗り越え、ある意味で完成を迎えつつあった日本の戦後社会が本格的な転換期を迎えたという問題意識に立つものであり、そこで示された課題の数々はその後もけっして完全に克服されたとは言えないからである。中央集権の是正と地域社会の発展、脱物質主義的な生き方や価値の追求、新たな中間層の育成、情報化社会への対応、環太平洋時代の国際戦略……、この研究会の議論はその後の日本の政治的・社会的言説に大きな影響を与えた。

とくに、この研究会の中心的メンバーであった香山健一、佐藤誠三郎、公文俊平、山崎正和、さらにこの研究会には直接参加していないものの、人脈的に近いところにいた村上泰亮といった学者、評論家たちは、この時期以降、『中央公論』などの総合雑誌を舞台に活発に言論を繰り広げていく。その代表的なものをあげれば、村上・公文・佐藤の『文明としてのイエ社会』(5)、村上の『新中間大衆の時代』(6)、さらに山崎の『柔らかい個人主義の誕生』(7)などが直ちに思い起こされるだろう。第六章で述べたように、それ以前の日本の論壇において指導的であったのが、日本の現状を封建的な社会の残存として捉える丸山眞男ら「岩波知識人」であったとすれば、この時期を境にいわば「中公知識人」の時代が始まったと言える。

研究会の背景にあったもの

それでは、なぜ大平は、学者・文化人一三〇名、官僚八九名から成る大がかりな研究会を組織したのだろうか。一つには、日本の保守主義内部における危機意識の高まりを指摘することができるだろう。

ここで注目したいのが、一九七五年に『文藝春秋』に発表された論文「日本の自殺」である。[8] この論文は、「グループ一九八四年」というジョージ・オーウェルを思わせるペンネームで発表されたが、今日では、「グループ一九八四年」とは香山健一・佐藤誠三郎・公文俊平の三名であることが明らかになっている。この三名は当時、まだ四〇代はじめの若手研究者であったが、ウシオ電機社長の牛尾治朗の仲介により大平と接触し、大平の研究会組織化にあたっても、中心的な役割を果たした。

この論文において印象的なのは、その危機意識である。古代ローマの歴史に遡って現代日本社会に警告を発するこの論文は、ローマが滅びたのは外部からの異民族の攻撃によるのではなく、むしろ「魂の分裂」と「社会の崩壊」による「自己決定能力の喪失」がその原因であり、現代日本社会においてもまた同じ現象が見られると指摘する。高度経済成長を遂げた日本社会は、それゆえにむしろ精神的解体の危機に瀕しているというのが、彼らの診断であった。

このような診断のさらに背景にあったのは、日本社会の構造的変化であった。一九六三年、自民党の政治家であり、石橋湛山のブレインでもあった石田博英は論文「保守政党のビジョン」[9] を発表した。この論文は、高度経済成長の下、農村から都市への人口移動が続いていること、結果として、農村部を基盤とした自民党の得票率の低下は今後も続くこと予測するものであった。このままでは保守政党としての自民党に未来はない、厳しい警告を発するこの論文がきっかけになって、この時期以降、自民党の近代化を目指す党内改革の動きが活発化した。

このような動きに対し、大平はどのように応えたのか。当時、党組織の合理化、派閥の解消、小選挙区制の導入など、多様な指針が議論されていたが、大平の思考はそれとはやや方向性を異にするものであった[10]。大平の念頭にあったのは、経済成長を軸とするキャッチアップ型の近代化の限界という主題であった。奇しくも、ローマ・クラブによる報告書『成長の限界』が発表されたのが、一九七二年である。地球資源の有限性を強調し、人口の増加と環境破壊によって悲劇的結末に向かう社会に警鐘を鳴らしたこの報告書のインパクトは大きかった。六〇年代後半からすでに、先進国を模倣して経済的な近代化を目指す従来のモデルが限界に達していると主張してきた大平は、ここで本格的に経済成長を中心とする近代化の「次の段階」を構想するようになる。一九七三年に始まるオイルショックは、まさにこのような構想の正当性を示すように思われた。

大平は次第に自らの立場を「近代を超える文化の時代」として定式化していくようになる。このような定式化を行った背景に、首相を目指す上でのライバル福田赳夫への対抗意識があったことは間違いない。大平の目に、外交的にタカ派として知られ、自主防衛や憲法改正に熱心な福田の立場は、「前近代への回帰」を目指すものに映った（このような福田の路線の現代版として安倍晋三元首相の内閣があったことは言うまでもない）。これに対し大平は、吉田茂以来の軽武装・経済国家主義を継承し、これをさらに「経済の時代から文化の時代へ」という方向へ転換することで、保守派内部における主導権を握ろうとしたのである。また大平は、都市と農村の対立ではなく、両者の融合を目指し、地方分権化に対しても熱意を持った。この発想が後の「田園都市」構想へとつながっていったのも、より中央政府の役割を重視する福田の立場を意識してのことだった。

大平研究会の両義性

この報告書は両義的な性格を持つものであった。それは一方において、日本の近代が一つの転換期に到達したとの認識の上に、経済成長を超える新たな日本人の生き方、社会や組織のあり方を再検討するものであった。

今から振り返れば、このような大平の問題意識は妥当なものであったと言えるだろう。というのも、一九七九／八〇年は間違いなく、日本社会が成熟社会化し、少子高齢化へと向かう大きな転機であったからである。

例えば一九八〇年、当時大学生であった田中康夫は小説『なんとなく、クリスタル』を発表し、一躍、時の人となった。若者の流行や風俗を描いた小説として話題になったこの作品であるが、膨大な数の註があることでも知られている。その多くは作品中に登場するブランド品についての批評的解説であるが、興味深いことに最後の註は、人口問題審議会の「出生力動向に関する特別委員会報告」と「昭和五四年度厚生行政年次報告書（昭和五五年度厚生白書）」から抜粋された少子高齢化を示唆する予測であった。

その意味では、一九八〇年の段階で、今日に至る少子高齢化はすでに予測されていたことになる。また、この小説の主題からも明らかなように、少子高齢化の原因は男女の関係のあり方を中核とする、人々の価値観や生活スタイルの変化にあるということへの認識も生まれつつあった。しかしながら、この小説が少なくとも同時代的には風俗小説として読まれたことからも明らかなように、そのような問題意識は必ずしも広く一般化されることはなかった。

その意味では、大平の研究会のうち、一つが家庭基盤充実にあてられていたことは注目に値するであろう。実際、この部会には原ひろ子などのジェンダー研究者が参加し、男女の新しい働き方が論じられている。一九八六年の男女雇用機会均等法へとつながる一つの源流をこの研究会に見出すことも不可能ではない。

とはいえ、問題点もまたここにある。この部会の報告書を一読すれば明らかなように、そこで中心的に描かれているのは、基本的には企業に働く夫と専業主婦であるその妻、という家庭像である。それはまさしく「男性稼ぎ主（male-breadwinner）」モデルそのものと言わざるをえない。他の部会において顕著な、日本型経営や日本型企業モデルへの肯定的評価とあいまって、今日なお有力な家族モデル、働き方のモデルがここで雄弁に語られていることは明らかであろう。

そうだとすれば、同じ知識人グループを中核としながら、一九七五年の「日本の自殺」と一九八〇年の「大平総理の政策研究会」報告書との間にある違いは明らかである。「日本の自殺」が日本社会に対する危機意識に満ち満ちているとすれば、「大平総理の政策研究会」に目立つのは、自己肯定の意識と、現状追認の姿勢である。この間にあったのは、言うまでもなく、オイルショックを比較的早期に克服したとされる日本経済のパフォーマンスであった。

いわゆる日本型経営については、すでに一九七二年のOECD（経済開発協力機構）の「対日労働報告書」が、「終身雇用」「年功序列」「企業別組合」から成る、いわゆる「三種の神器」について触れていたが、このような海外からの「日本再評価」の動きが、すでに触れたように一九七九年のヴォーゲルの *Japan as Number One* の日本的受容と連動して、「一九八〇年のイデオロギー」である「大平総理の政策研究会」報告書を生み出したとすることも不可能ではないだろう。結果として、そこではオイルショックを乗り越え、バブル経済へと向かう日本社会の自己肯定的な意識や、現状追認の志向が維持されることになった。また、日本の企業社会のあり方や、そこでの男女の役割分業が「神話化」されることの原因ともなった。

その意味では、日本社会の構造的変容に対するきわめて鋭敏、かつ正当な問題意識からスタートしたにもかかわらず、結果としてこの研究会は、強力な status quo 維持のイデオロギーを生み出す装置になったと言える。この研究会のメンバーは、大平の「二一世紀にかけて活躍するような連中を選べ」という指示通り、その後の日本を主導する多くの官僚や知識人を含んでいた。人的な意味でも、この研究会のパラダイムは、その後の日本社会を規定し続けたのである。

大平研究会の残したもの

最後に、大平研究会の残したものについて考えてみたい。すでに述べたように、研究会は大平の突然の死によって終わりを迎えることになった。大平の後を継いで総理大臣になった鈴木善幸はこの研究会にほとんど関心を示さず、その意味では報告書は政治的な影響力を持たなかった。

唯一の例外は、後に首相になる中曽根康弘である。中曽根はこの報告書に注目し、とくに香山・佐藤・公文は首相のブレインとなって、第二臨調や行政改革を推進する原動力となっていった。ただし、大平の時期から中曽根の時期にかけては明確な違いも存在すると説く論者もいる。例えば政治学者の大嶽秀夫は、中曽根行革を主導したのは加藤寛、山同陽一など経済学者や財界人であり、改革を貫いたのは経済的自由主義のイデオロギーであったと主張する。対するに大平ブレインの場合、文化人を多数含んでおり、競争原理とは異なる独自の理念を持つグループであったという[11]。これに対しては、すでに言及した中北のように、「大きな政府」を否定し、個人の自助や、家族・地域職場の互助を強調する点で、むしろ両者の連続性を重視する見方もある[12]。

この点に関して言うならば、同じく「大きな政府」を否定したとしても、その論理は、大平グループと中曽根グループとで大きく異なるというのが、本章の立場である。すなわち、大平らが国家主義に対抗し、地域コミュニティや企業組織などの中間集団を重視したとすれば、中曽根らは民営化によって新自由主義的改革を進めようとしたのであり、イデオロギー的に両者はまったく異質である。その意味では、大平研究会の遺産が中曽根改革に直ちにつながったとは言いがたい。むしろ、大平から中曽根へと継承されたとすれば、それは新時代の保守主義の模索という課題であろう。すでに述べたように、一九六〇年以来、日本の保守が日本社会の構造変容によって苦しんできたとすれば、大平の死んだ一九八〇年以降、自民党は急速に党勢を回復する。大平の弔い選挙ともなった一九八〇年の衆参同日選挙で大勝した自民党は、さらに中曽根政権時代の一九八六年の同日選挙でも圧勝した。その際に中曽根が「左にウィングを伸ばした」と主張したように、生活が安定化し、保守化した都市民の支持を獲得することで、日本の保守は新たな時代を開拓したのである。その意味では、大平が切り開こうとしたものを、中曽根が収穫したと言うことができるかもしれない。

このように大平研究会の遺産は中曽根によって両義的に継承されていった。バブル経済へ向かっていたこともあり、報告書の持つ、より楽観的で自己肯定的な側面が肥大化していったとも言える。しかしながら、より積極的な側面が一九九〇年以降の日本政治にまったく影響を残さなかったわけでもない。

一九九二年、当時、熊本県知事をやめたばかりの細川護熙《ほそかわもりひろ》は『文藝春秋』に「「自由社会連合」結党宣言」を発表した。細川の構想はやがて日本新党として実現し、一九九三年以降の政治改革、そして細川の下での連立政権の発足に至る。この細川の文章を起草したのは香山健一であった。(13) その論文における「日本が直面している最大の危機は、日本の政治が自らに課せられた責務をまともにとらえていないことにある。日本の政治は、この歴史の転換期の本質を認識することも、転換期に対処する基本方針を提示することも、日本の進路の転換をめざして新しい国民的合意を形成することもできずに、混迷を続けている[14]」という文章には、どこか「日本の自殺」と似た危機意識が見られなくもない。また、論文の強調する分権化への志向も、大平の問題意識を継承するものであった。

さらに、細川の連立政権が倒れた後、自民党が社会党の村山富市をかついで発足させた連立政権を主導したのは、大平の政治的後継者であった加藤紘一であった。村山政権の評価については議論が分かれるところであるが、少なくとも日本による侵略戦争と植民地支配を認め、謝罪した村山談話が発表されたのは、自民党と社会党の連立による、この政権ならではの達成であった。その限りにおいて、一九九〇年代の前半から後半にかけて、ある種の「保守リベラルの時代」とも言うべき一時期があったことは間違いない。それは大平、およびその研究会の遺産が最後の輝きを示した時代であったのかもしれない。

そうだとすれば、日本の保守主義において、国家主義的な潮流と一線を画し、むしろ発展しつつある日本の市民社会の発展に期待するもう一つの保守主義という意味で、大平の研究会には一定の意義があったことは間違いない。この方向性は一九九〇年代に独特な輝きを見せ、そして二〇〇〇年以降は完全に沈黙してしまっている。しかしながら、日本における「保守リベラル」の可能性を含め、これを完全に見捨てるべきものとは思われない。

市場化と宗教へと向かう時代にあって、日本の保守主義が独特な選択を行ったのは確かである。それは日本社会の自らの status quo の維持をはかるものであったことは、今日の目からすれば明らかである。とはいえ、そのような status quo に対する異議申し立ての種子もまた、この時代の知的動向はしっかりと捉えていた。このことを踏まえるならば、大平研究会が示した日本社会に対する評価は、その後の「失われた三〇年」をある意味で決定づけると同時に、それを乗り越える鍵を秘めていたと評価することができるだろう。

(1) 宇野重規「鈍牛・哲人宰相と知識人たち――大平総理の政策研究会をめぐって」『アステイオン』八一号、二〇一四年、一七二―一八三頁も参照。
(2) クリスチャン・カリル『すべては1979年から始まった――21世紀を方向づけた反逆者たち』北川知子訳、草思社、二〇一五年。
(3) Caryl, Christian (2013), Strange Rebels: *1979 and the Birth of the 21st Century*, Basic Books.
(4) 長富祐一郎「大平政策研究会の意義」大平記念財団編『去華就實』同財団ホームページ、二〇〇〇年。
(5) 村上泰亮・公文俊平・佐藤誠三郎『文明としてのイエ社会』中央公論社、一九七九年。
(6) 村上泰亮『新中間大衆の時代――戦後日本の解剖学』中央公論社、一九八四年。
(7) 山崎正和『柔らかい個人主義の誕生』中央公論社、一九八四年。
(8) グループ一九八四年『日本の自殺』文春新書、二〇一二年。
(9) 石田博英「保守政党のビジョン」『中央公論』一九六三年一月号、八八―九七頁。
(10) 中北浩爾『自民党政治の変容』NHKブックス、二〇一四年。

(11) 大嶽秀夫『自由主義的改革の時代――1980年代前期の日本政治』中公叢書、一九九四年。
(12) 前掲『自民党政治の変容』。
(13) 同右。
(14) 細川護熙「「自由社会連合」結党宣言」『文藝春秋』一九九二年六月号、九五頁。

終章　日本の「保守」と「リベラル」の現在と未来

終章では、日本の「保守」と「リベラル」の現在と未来を検討する。

二〇二〇年九月、第二次安倍晋三政権が終焉を迎えた。第一次と合わせて通算七年八ヵ月という、文字通り近代日本における最長政権であった（そして安倍元首相は、二〇二二年七月に銃撃され、死亡した）。以後、短期に終わった菅義偉前首相の政権を挟み、二〇二一年一〇月には、自民党内の「リベラル」派とされる宏池会出身の岸田文雄首相が権力の座についた。言うまでもなく、安倍元首相は「保守」を自認する政治家であった。その意味では、あたかも「疑似政権交代」が起きたとも言えるが、日本の「保守」と「リベラル」の現状をどのように理解すべきであろうか。

戦後保守政治からの転換

まず検討すべきは、いかなる意味において、安倍元首相が「保守」的であったかということである。このこと自体が実は自明ではない。例えば、吉田茂元首相以来の政治的系譜を指して、「保守本流」という言葉がしばしば用いられる。それでは安倍元首相の「保守」とは、そのような意味での「保守本流」といかなる関係に立つのだろうか。

本書でも整理したように、一九五五年、自由党と日本民主党が合同して成立した自民党には、明らかに異なった政治的志向を持つ集団が併存していた。なかでも重要なのは、軽武装・経済国家を目指す吉田の路線と、ナショナリズムへの志向をより強く持つ岸信介元首相の路線であった。前者が軍事力よりはむしろ経済力を重視し、日米安保体制の下、自由な経済活動を重視したとすれば、後者は安保改定でアメリカに対してより対等な関係を求めたように、日本の独立を強く求め、自主憲法の制定を主張した。しばしば「保守本流」と呼ばれたのは吉田の路線にほかならない。

前者の流れが、池田勇人から大平正芳へとつながる宏池会へと継承されたのに対し、後者の流れは岸から福田赳夫の清和会に受け継がれた。両者の間にあったのが、吉田の愛弟子でありながら、岸の実弟でもあった佐藤栄作の派閥に起源を持つ、田中角栄から竹下登へと引き継がれた田中派から経世会への流れであった。

これら三派のうち、高度経済成長からバブルの時代にかけての時期に優位だったのは、田中角栄と大平正芳の友好関係に象徴されるように、経世会と宏池会の連合であった。清和会の流れはむしろ劣位に立たされ続けた。背景にあったのは経済成長と冷戦体制である。そのような時代においては、強いナショナリズムへの志向を持つ清和会よりむしろ、経済主義的で公共事業による再分配を得意とした経世会・宏池会連合の方が適合的であった。

このような状況が大きく転換したのが、一九八九年の冷戦終焉である。アメリカの軍事的支援を自動的に期待できた時代は終わり、日本は独自の安全保障政策を求められるようになった。この時期、バブル経済崩壊によって経済成長の時代が最終的に終わりを迎えたことと併せ、戦後政治の大前提が大きく崩れたのである。一九九〇年代は政治改革の時代になったが、この時期に経世会が分裂し、宏池会の存在感が次第に低下していったことは偶然でないだろう。アメリカの軍事的支援の下、経済に専念することができた戦後日本の「保守本流」の時代は終わりを迎えたのである。

二〇〇〇年以降、森喜朗、小泉純一郎、安倍晋三、福田康夫と清和会出身の首相が続くことになった。これらの首相の個人的プロフィールや政治理念はさまざまであるが、経世会が分裂し、宏池会が地盤沈下したことの必然的な結果でもあった。このうちとくに安倍元首相は、より明確にナショナリズムへの志向を強く持った。それは岸信介元首相の孫であることにも由来するであろうし、北朝鮮による拉致《らち》問題、そして中国の軍事的・経済的大国化という、日本をめぐる東アジアの国際状況の変化を受けた結果でもあったはずだ。

このような安倍元首相の保守主義は、戦後日本の「保守本流」とは大きく異なるものである。戦後日本の「保守本流」が日本国憲法を前提とし、経済発展を通じた富の再分配による平等の実現を目指し、キャッチ・オールを掲げた包括的な保守であったとすれば、安倍元首相の保守は憲法改正を強く求め、左派やリベラル派に対する敵愾心《てきがいしん》を隠さない、より対立的な保守である。言い換えれば、経済成長を前提とした戦後コンセンサスに基づく協調主義的な保守ではなく、世論の分断・分極化を前提とする、より攻撃的な保守であった。

その意味で、安倍元首相の長期政権は、単に政権運営や選挙戦略の巧みさに還元できない、時代的な背景があったと言えるだろう。そのような時代の変化にもっとも適合的だったのが安倍元首相であった。そうだとすれば、経済的停滞と東アジアの国際的緊張が続く限り、安倍元首相の亡き後も、「安倍的」なものが続くことが予想される。

歴史的転換点としての宮澤喜一政権

思えば、宏池会に象徴される自民党内の「保守本流」の衰退は、宮澤喜一政権（一九九一―九三）においてすでに明らかであった。

言うまでもなく、宮澤元首相は、戦後日本の「保守本流」を継承する政治家であった。蔵相だった池田勇人とともにサンフランシスコ講和条約の準備交渉に加わり、会議にも随員として参加した宮澤は、まさに戦後日本の保守政治の生き字引であり、その中枢にあり続けた政治家である。大蔵省から政界入りし、大平正芳とともに池田の政権運営を支えた宮澤は、早くから自民党総裁候補と見なされた。結果的に宏池会を継承し、政権の座についたのは七〇歳を過ぎてからと遅くなったが、実に半世紀以上にわたり、つねに戦後日本の保守政治の「本流」にいた稀有な存在であると言える。

宮澤は単に「保守」であるだけでなく、本書での用語法からすれば、「保守リベラル」と呼ぶべき存在であった。宮澤は中学生のときにジョン・スチュアート・ミルの『自由論』を原書で読み、その影響を強く受けたという(1)。日本の政治家、とくに首相クラスでミルの影響を公言する政治家としては、宮澤は石橋湛山と並んで例外的な存在であろう。宮澤はつねに自らを「保守」と定義し、「リベラル」を自称することはなかったが、自由主義的な信念を持つ政治家であったことは間違いない。池田勇人が首相に就任する際に「寛容と忍耐」を掲げたが、このうち「忍耐」は大平、「寛容」は宮澤の進言によるものであったという。宮澤は文字通り、戦後日本の「保守リベラル」の代表的な政治家であった。

しかも、同じく大蔵省出身で池田を支えた大平がむしろ財政均衡を重視したのに対し、宮澤は積極財政論者であった。等しく経済的自由主義者とはいっても、池田の場合、吉田茂よりはむしろ石橋湛山の影響が強いのではないか、という点については本書でも指摘したところであるが、その意味でも宮澤は石橋─池田と続く流れの継承者であった。

そうだとすれば、宮澤が一九九一年に政権の座についたのは、実に皮肉なことであったと言えるだろう。戦後の「保守本流」の基盤にあった経済成長と冷戦体制は、この時期に終わりを迎えつつあった。バブルが崩壊し、日本はその後、「失われた三〇年」とも呼ばれる長期不況へと突入していく。その一方、日本は流動化する国際情勢に翻弄されることになっていった。ある意味で、「保守本流」を支えた二つの大前提がガラガラと崩れていく時代に、「保守本流」の最後の切り札であった宮澤がようやく首相になったことになる。

宮澤自身も冷戦の終焉を「二、三百年に一度の歴史的な変動」として捉えていたが[2]、宮澤が政権につく直前に湾岸戦争が発生し、結果として宮澤は首相就任直後にまずPKO協力法案に取り組むことになった。「金は出すが、人は出さない」とするアメリカを中心とする国際的な世論の批判を受けてのものであり、知米派の宮澤は、日米関係が大きく揺らぎ、安全保障面を含め、日本の新たな指針を求められた時期に政権を担当したのである。結果から言えば、宮澤政権はリクルート事件に端を発する国内政治の混乱に足をすくわれ、政治改革においてついに主導権を握れないまま、二年ともたずに総辞職を余儀なくされた。自民党の下野により、五五年体制最後の首相となった宮澤は、文字通り、「保守本流」の終わりを象徴する政治家となったのである。「保守リベラル」もまた、ここで大きな岐路に立たされることになる。

「保守」と「リベラル」の現状

このように「保守本流」と同時に「保守リベラル」もまた、冷戦の終焉と宮澤政権を機に次第に衰退していった。それでも「リベラル」については、一九九〇年代に独特な輝きを示したとも言える。本書でも触れたように、戦後において「革新」と呼ばれた勢力の一部は、この時期に「リベラル」の名の下に生き残りをはかり、そこに自民党内の保守リベラルが合流していった。結果として成立したのが、自社さ（自民党・社会党・新党さきがけ）政権である。社会党の村山富市は別にしても、自民党の河野洋平や新党さきがけのメンバーの多くは、かつて党内で「(保守) リベラル」と呼ばれた議員であった。石橋湛山に私淑し、宮澤喜一に仕えた田中秀征《たなかしゅうせい》が、新党さきがけの理論的支柱として連立政権を支えたのは、その象徴とも言えるだろう。日本の植民地支配と侵略行為を認め、謝罪した一九九五年の戦後五〇年決議は、ある意味で一九九〇年代における「リベラル」政権が生み出した数少ない「成果」の一つであった。

しかしながら、すでに述べたように、二一世紀になって以降は、清和会出身の首相が続くことになる。他方で、自社さ政権のメンバーの一部は後の民主党結成へと向かい、二〇〇九年には政権交代を実現した。とはいえ、はたして民主党政権の政策にどれだけ「リベラル」の色彩が見られたかは疑問である。鳩山由紀夫元首相は「新しい公共」を掲げ、また市民運動出身の菅直人が首相になったが、「リベラル」と呼ぶにふさわしい政策を実現するには至らなかった。また岸田文雄首相はたしかに宏池会の出身であるが、「保守リベラル」の伝統が宮澤政権の終焉とともに一度は終わっていることを考えると、岸田政権がその伝統を実質的に継承しているかは定かではない。「リベラル」にせよ、「保守リベラル」にせよ、本格的な回復にはいまだ遠いというのが実情であろう。

二一世紀のリベラリズム

その意味で言えば、現代の日本において求められているのは、二一世紀にふさわしい新たなリベラリズムの構想である。それはけっして、これまで日本で「リベラル」や「保守リベラル」と呼ばれたものの単なる焼き直しであってはならない。本書で見てきたように、近現代日本において、

「リベラル」はあくまで「稜線」であった。言い換えれば、幅広い裾野を持つものではなかった。今こそ、日本の歴史的蓄積を踏まえた、本格的な「リベラリズム」を確立する必要がある。

本書の冒頭で、求められるべきは、自らが社会を担っているという自負と責任感を持った「保守」と、多様な価値観を表明し、受け入れるだけの気概と道理を持った「リベラル」の確立であると述べた。その意味で言えば、まず着手すべきは、「多様な価値観を表明し、受け入れるだけの気概と道理を持ったリベラル」の再建である。

福沢諭吉や石橋湛山、そして清沢洌ら近代日本の「リベラル」を振り返るなかで、彼らがいずれも明治の政治体制やそのエリート養成システムの「外部」に根拠を持つ人間であったことに触れた。福沢は薩長による新政府に距離をとり、あえて「私立」を選んだ。石橋は宗教的なバックボーンに支えられ、明治の官僚養成システムとは無縁の経済的リベラリズムの道を歩んだ。アメリカで苦労した清沢は、だからこそ寛容と精神の柔軟さを維持する「心の構え」としての自由を強調した。このような彼らの「外部」性こそが、彼らの「自律」と「自由」への希求を支えたのである。

はたして現代日本において、社会のメインストリームにあえて異を唱え、あくまで自らの精神の独立を維持する、気概ある「リベラル」は存在するのだろうか。他者に対する寛容と相互理解を自らの精神の基本的態度とし、その上で自らの責任において新たな企てに着手する創造的な「リベラル」はいるのだろうか。日本のみならず、世界における自由と平等、そして公正のための秩序を打ち立てるために奮闘する「リベラル」を見出せるだろうか。日本における「リベラリズム」の確立は、いまだ実現されていない未完のプロジェクトである。このことをあらためて確認しておきたい。

重要なのは、そのような「リベラリズム」を特定の個人のものではなく、社会に広く共有されるコモンセンスとして定着させることである。さもなければ、結局のところ、日本において「リベラリズム」は「稜線」であり続けることになるだろう。

その際にヒントとなるのは、あるいは本書で検討した丸山眞男の主体論かもしれない。丸山は、現状に埋没することなく、現実に働きかけ、これを変革していく主体を模索した。この模索は初期には抽象的な形で展開されたが、やがて日本の伝統において人々を突き動かした多様な情念の具体的な再検討へと向かっていった。丸山は、ときに封建社会における伝統的な道徳や価値意識さえもが、人々を果敢な政治的行動に導いたことを指摘した。

例えば丸山は、『葉隠』に象徴される武士の精神が、人間の自律性を支える日常的なモラルを形成し、政治に主体的に働きかける姿勢を支えたメカニズムに着目した。かつて『葉隠』といえば、ひたすら主君への忠誠を強調する封建的思想の象徴のように語られた。これに対し丸山は、主君が主君として適切に振る舞わないとき、むしろ忠誠心ゆえに抵抗し反逆する精神として、むしろ積極的に再評価する。それは、自由の国制を破った英国国王ジョージ三世と対決することを辞さなかったエドマンド・バークにも通じるものであったと言えるだろう。

もちろん丸山が、『葉隠』を全面的に擁護したわけではない。それでも、自分の大切にする価値が蹂躙《じゅうりん》されるとき、これに敢然と抵抗する精神は、主体を支える大きな原動力ともなりうる。そのような精神もまた、「リベラル」の自律性を支える重要な原動力の一つであった。その意味で、今日丸山の主体論から学ぶべきは、「リベラル」を抽象的な原理としてのみ検討するのでなく、人々の日常的なモラルや規範意識に支えられたものとして発展させることであろう。

福沢諭吉の「一身独立して一国独立する」という言葉もまた、今日あらためて振り返るに値する発想なのではなかろうか。そこには個人の自由を重視することで、一国の国力を増大させ、その独立につながっていくという信念があった。はたして二一世紀の「リベラル」は、「一身の独立」と「一国の独立」をどのように結びつけていくのだろうか。もちろん、安全保障を口実に、個人の自由を抑圧することは許されない。かといって、個人の自由を重視するあまり、一国の安全保障に無関心なままでいることも、「リベラル」の目指すところではないだろう。「一身の独立」と「一国の独立」を両立させ、個人の自由とリベラルな国際秩序の回復を不可分のものとして捉える政治的構想力が、今こそ求められている。国益を狭い視点からではなく、より広い国際的な道義と結びつけて考えることを論じた石橋湛山や、日米の緊張が増すなか、「戦争は宿命にあらず」と説き続けた清沢洌からも、二一世紀の「リベラル」は多くのことを学べるはずである。

その上で、戦前においてわずかに清沢や河合栄治郎らによって主張されたソーシャル・リベラリズムの伝統についても、残された課題として指摘しておきたい。個人の自由のために必要なのは、自由な競争ばかりではない。むしろ多様な人間の個性を活かし、その自己実現を支えるためには、社会からの公的な支援が不可欠である。その意味で、「リベラル」が「リベラル」であるためには、そのための社会経済政策が必要なのである。かつてのような経済成長や、その果実の再分配が期待できないだけに、今日ではむしろグローバルな資産課税や、所有権の絶対を超えたコモンズの思想に注目する必要もあるだろう。デジタル化や脱炭素社会の実現に向けた世界の潮流に即した新たな経済戦略と、より公正で普遍主義的な社会保障の実現が求められよう。

今こそ「二一世紀のリベラリズム」の確立が急務である。

真の「保守」を実現するために

それでは日本の「保守」にとって、いかなる課題があるのだろうか。

近代日本においてつねに問題であったのは、本書で繰り返し述べたように、「保守」が「保守」として成り立たないことであった。確認するなら、保守主義とは「伝統のなかで培われた制度や慣習を重視し、そのような制度や慣習を通じて歴史的に形成された自由を発展させ、秩序ある漸進的改革を目指す思想や政治運動」である。しかしながら、村上泰亮が指摘したように、明治以来つねに「追いつき型近代化」を目指した日本においては、むしろひたすら欧米の制度や文物を無原則に導入し続けたのが「保守」の現実であった。そこに自らの自由の制度を、持続的に発展させていくという発想は弱かったと言わざるをえない。

しかも本書で検討したように、一九八〇年代以降、そのような「追いつき型近代化」を一定程度達成した日本は、むしろ新たな漂流の時期を迎えることになる。経済成長に代わる、新たな国家目標はあるのか。そこで大切にされるべき、日本の歴史的な価値は何なのか。議論はいたずらに迷走を続けた。あるいは、そのような問題意識を持たないまま、冷戦終焉とグローバル化という巨大な波に翻弄され続けたと言えるだろう。大平総理の研究会が、経済成長に代わる新たな国家目標としての「文化の時代」を掲げつつ、事実上、バブルへと向かう日本の現状を肯定し、その後の停滞を招いたことは「保守」にとっての厳しい教訓となるべきであった。しかしながら、実際にはそのような教訓は生かされることなく、ただ時間が浪費されていった。明治維新から一五〇年が過ぎ、ついに日本の「保守」は、その名にふさわしい保守主義の思想を持ちえなかったというのが率直な評価ではなかろうか。

その意味で、日本の「保守」に求められるのは、今こそ真に「保守」となることである。言い換えれば、自らの歴史と伝統に真に誇りを持つがゆえに必要な変革を行う「保守」、自らが社会を担っているという自負と責任感を持つがゆえにむしろ寛容で、懐の深い「保守」となることである。はたして現状の日本の「保守」は、そのような要件を満たすものであろうか。むしろいたずらに独善的で抽象的な自らの伝統のイメージに固執し、それに反する伝統を重視する人間を排除してはいないだろうか。本書で繰り返し指摘してきたように、「保守主義」はけっして排外的なナショナリズムではないし、ジェンダー平等や文化の多様性を排撃するものでもない。グローバル化への反発から移民や外国人労働者を排除しようとする動きが世界的に見られるが、「保守主義」とは元来、そのようなものではないはずだ。

現代日本の「保守」にとって、つまずきの石となるのはやはり憲法であろう。「自主憲法制定は自民党の結党以来の党是」としばしば言われる。しかしながら、一九五五年の自民党結党時の「綱領」に「憲法改正」の言葉はなく、「党の使命」などに「現行憲法の自主的改正」という言葉が出てくるだけである。[3] 自民党が「新しい憲法の制定を」という言葉を「新綱領」に加えたのは、二〇〇五年の立党五〇年宣言の際であり、むしろ近年のことである。

保守主義とは本来、本書で述べてきたように、現行の政治体制の基本的な正統性を承認した上で、その漸進的改革を目指すものである。そうだとすれば、憲法の基本的な正統性を疑い、「自主憲法制定」を目指す保守というのは、どうしても矛盾ということになる。それは「保守」というより「急進派」であり、少なくとも「異形の保守」である。

もし現代日本の「保守」が真にエドマンド・バーク以来の正統的な保守主義を継承しようとするならば、少なくとも日本国憲法の基本的な正統性を承認し、統治機構を中心に、現行の条文をより現代的なものにするための現実的な改正を目指すべきであろう。いたずらに復古的な自主憲法制定を訴えるよりも、戦後日本の経験やその価値意識を前提に、保守主義に不可欠な歴史の連続性の感覚を確保することが、保守主義の「正常化」につながるはずである。福田恆存は歴史における「切断を乗り越えて、なんとか連続を見出し、その懸け橋を造ること」を進歩主義に求めたが、その課題はむしろ保守主義の側においてこそ重要なはずである。

日本の歴史と伝統の連続性を今こそ現代的な目で捉え返し、それを独善的な形ではなく、開かれた形で再定義すること。現代日本の「保守」を真に「保守」とするためには、そのための知的営為が不可欠である。そしてそれに必要な深みのある「保守」の英知が求められている。

日本オリジナルの「保守」と「リベラル」

その上で、今こそ目指すべきは、日本独自の「保守」と「リベラル」の意義と可能性を追求することではなかろうか。例えば、「保守」が前提とする歴史の連続性において、明治維新と戦後改革という二つの「断絶」がある日本はどうしても難しさがあると繰り返し指摘した。しかしながら、世界の多くの国々の歴史を振り返れば、歴史の連続性が確保されている国の方がむしろ例外的とも言える。多くの国々は革命や政変などによって、あるいは敗戦や侵略などの結果として、大きな歴史的断絶を経験している。重要なのは、そのような深刻な断絶を経験した国々において、安定的な政治制度や社会的価値を創出することである。このような視点に立つとき、多くの断絶を乗り越え、それでも今日、民主主義国家として持続している日本の経験から、何かを学ぶことは可能であろう。

例えば幕末維新の断絶を生き、「一身にして二生を経る」と自らを語った福沢諭吉は、それでも『文明論之概略』において、ギゾーのヨーロッパ史解釈を巧みに利用して日本の歴史の発展を描いてみせた。あるいはトクヴィルの二つの分権論を活用して、不平士族を地方自治の担い手に変換しようとした。過去の歴史や伝統を、異なる知的伝統から導出した視座や概念によって読み替えることは、歴史における新たな「正統」を発見するための重要な手がかりとなるであろう。

「リベラル」についても、同じことが言える。世界の国々の多くにあって、その出発点から自由の原則が広く共有され、社会の基礎的な原理となったという方が例外である。いずれの国の場合も、自由の原理、リベラリズムの原理というのは、多くの対立や葛藤、矛盾や悲劇を通じて、徐々に社会に浸透し、制度的な保障を得るようになったというのが現実である。現在の世界を見ても、残念ながら多くの国において「リベラリズム」はなお、未完の課題であり続けている。

そうだとすれば、ここでもやはり福沢諭吉の達成が思い出される。福沢は日本語の「自由」と西洋語の liberty や freedom の違いを鋭く洞察しつつ、あらためて日本社会に根深い「権力の偏重」を批判し、新たな「独立自尊」の精神の重要性を説き続けた。このような日本的な「リベラリズム」の粘り強い精神は、今日なお、私たちに多くを示唆する力を持つだろう。このような日本の「リベラリズム」をめぐる苦闘は、世界の多くの国々にとっても、一つの参考事例となるのではなかろうか。

私たちは今こそ、近現代日本における「保守」と「リベラル」の議論の蓄積を再確認し、その意義を現代的に発展させていく時期に差しかかっている。思考の座標軸ともなる確固とした伝統を自らの歴史のなかから再確認していくと同時に、社会における多様な考え方や価値観の存在を認め、それを真に包摂していくための哲学を構想することは、日本にとって、世界にとって、重要な思想的・実践的意義を持つはずである。そのための努力を、私たちは続けていきたい。

はたしてそのような「保守」と「リベラル」をめぐる模索が、最終的に日本における「保守」と

「リベラル」の二大政党制に帰着するのかはわからない。現代日本において「保守」の語が氾濫《はんらん》する一方で、それが何を保守するのかは自明ではないし、「リベラル」を名乗る政治家や政党もけっして多くない。そのことを考えれば、今後、将来的にも「保守」と「リベラル」という図式において政治が展開したり、政党が再編したりするかどうか、何ら確かなことは言えないだろう。

しかしながら、重要なのは「保守」と「リベラル」の二大政党制それ自体ではない。むしろ大切なのは「保守」と「リベラル」という概念を糸口に、私たちがどれだけ粘り強い思考を続けているかである。

いま一度、私たちが真剣に考えなければならないのは、日本の政治的伝統のうち、何を価値のあるものとし、その維持と発展に力を尽くすか、ということである。自分たちの現状が混乱したものであればあるほど、その価値に遡って、政治社会を立て直す基本に帰る必要がある。

もちろん何も復古や、まして反動であることを奨めているわけではない。急速に変化する世界にあって、日本の停滞に危機意識を持っている人も多いであろう。私たちはたしかに日本社会を変革し、前に進んでいかなければならない。

それでも、社会を変えていくためにも、むしろ一度立ち止まって、自分たちにとって何が大切なのかをあらためて考える必要があるのではないか。自分たちにとって「原点」となる価値を再確認する必要があるのではないか。さもなければ、信念と見通しのない「改革熱」が、さまざまな現場で苦闘する人々の体力を奪うだけであることを、私たちは過去三〇年の日本の歴史から嫌というほど学んでいるはずだ。

同時に、私たちはもっともっと「自由」にならなければならない。人間のエネルギーを引き出すのは、「意に反して人にやらされている」ときではなく、「自分の意志であえて選んで実行している」と感じられるときだけである。もちろん現実の環境において、何ごとも思う通りにできるわけではない。それでも課された境遇と条件の下で、自らの意志で、自分なりに最善を尽くせたとき、人は「自由」を実感できるのではないか。

日本の政治において何を「保守」すべきであり、自分たちが「自由」であるために、何をどう変えればいいのか。いまこそ、一人ひとりが静かに考えるときである。

本書がそのための手助けになるとすれば、これにまさる喜びはない。

（1）宮澤喜一『新・護憲宣言——21世紀の日本と世界』朝日新聞社、一九九五年、一三七頁。
（2）田中秀征『平成史への証言——政治はなぜ劣化したのか』朝日選書、二〇一八年、二五頁。
（3）https://www.jimin.jp/aboutus/declaration/

あとがき

著者はかつて保守主義についての本を書いたことから、ときに「保守主義者」と見られることがある。しかしながら、「保守主義者」と自ら名乗ったことはないし、その名で呼ばれる特定の政治的信条を持ったこともない。とはいえ、エドマンド・バークをはじめ、「保守主義者」とされる過去の思想家から学ぶべきことは多く、その英知を現代の政治にも活かすべきであるという主張にはまったく異論がない。そのような立場からするとむしろ、現代日本社会に溢れる自称「保守主義者」の言説の多くが、はたしてその名で呼ぶのが相応しいのか疑問であるとしばしば考えてきた。

それではお前は「リベラル」なのかと問われると、それはそれで迷ってしまうというのが正直なところである。もちろん、そのように名乗りたい気持ちはある。しかしながら、この言葉の意味が世界的に混乱するなか、日本社会はその最たるものの一つである。保守主義を定義することも容易ではないが、リベラリズムについては一定の見通しを示すことすら難しい。自分が「リベラル」であると名乗ることが、事態をクリアにするよりはむしろ混乱を加速させるのではないか。そのような思いを、どうしても拭えないのである。あるいは「保守」を論じるときの方が、「リベラル」を論じるときよりはるかに歯切れがいいのかもしれない。

その意味では、自分なりに「リベラルとは何か」について正面から取り組み、永年の宿題を今こそ提出すべきであるという思いが、本書執筆の動機になったと言える。課題をやり切れたのかについては読者のご判断に委ねるしかないが、まずは刊行に漕ぎ着けることができてホッとしている。

子どもの頃から、宿題が苦手であった。あるとわかっていても、どうしてもやり始めるまでに時間がかかってしまう。「明日からはじめよう」と思いながら、虚しく日々が過ぎていくプレッシャーにさらされながら過ごした夏を、幾度経験したことか。「はじめさえすれば、その後は集中力があり、意外に仕事は早い」などという変な自負さえあるのだが、今回については、なかなかそのスタートが切れなかった。

お世話になったのは中央公論新社の吉田大作さんである。旧知の編集者である吉田さんとは何度か、この本の企画について相談してきた。過去の論考を活かしつつ、正面から日本における「保守」と「リベラル」について考える。このような宿題をいただいてから、はや何年になるだろうか。

今年になって著者は新型コロナウィルスに感染し、一〇日間ほど隔離生活を過ごしたことがある。幸い症状は軽く、熱などの症状は数日でなくなったのだが、それからの時間が長かった。自宅を一歩も出られなくなり、その期間に序章の原型を書いたことが本書執筆のきっかけになった。世の中、何が幸いするかわからないものである。そこからは勢いがついて、子ども以来の「宿題の締め切りが近づくと、頑張る」精神で乗り切ることができた。これを機に新たな章を書き下ろし、さらに収録した旧稿を読み直し、すべての文章に手を入れた。

このように、本書はまったくの書き下ろしではなく、過去の論考を活用して、新たに編んだものである。とはいえ、単なる論文集ではなく、それなりの見通しをもって旧稿も書きあらためてある。ともかくも一冊の本として読者に供することができたのは、やはり吉田さんのご尽力による部分が大きい。

吉田さんは敏腕編集者であるが、「こだわり」の人でもある。著者がともかく前に進もうとすると、「いや、ちょっと気になったのですが……」と言いつつ、つねに大きな問題提起（時に爆弾発言）をされた。「この人は本を早く出したいのか、あるいは遅らせたいのか」と何度か真剣に考えたが、今となっては吉田さんの助言なくして本書は成立しなかったと痛感する。やはり人生に必要なのは、厳しいことを言ってくれる友人と、（書き手の場合はさらに）編集者である。友人であると同時に、優れた（厳しい）編集者である吉田さんにあらためてお礼を言いたい。

ついでにと言ってはバチが当たるが、自宅隔離中、距離を保ちつつ支えてくれた家族にも感謝する。今回も多くの人の支えのおかげで本を刊行することができた。本当にありがとうございました。

二〇二二年十二月一日

宇野重規

初出一覧

序章——書き下ろし

第一章——『保守主義とは何か——反フランス革命から現代日本まで』（中公新書、二〇一六年六月刊）第四章「日本の保守主義」

第二章——書き下ろし

第三章——宇野重規編『近代日本思想選　福沢諭吉』（ちくま学芸文庫、二〇二一年四月）「解説」

第四章——筒井清忠編『昭和史講義【戦後文化篇】（上）』（ちくま新書、二〇二二年七月）第四講「福田恆存と保守思想」

第五章——小林正弥編『丸山眞男論——主体的作為、ファシズム、市民社会』（東京大学出版会、二〇〇三年二月刊）第一章「丸山眞男における三つの主体像——丸山の福沢・トクヴィル理解を手がかりに」

第六章——日本政治学会編『年報政治学２０１９—11　成熟社会の民主政治』（二〇一九年十二月刊）収載「日本における成熟社会論の知的起源」

第七章——アンドルー・ゴードン・瀧井一博編『創発する日本へ——ポスト「失われた20年」のデッサン』（弘文堂、二〇一八年二月刊）第一章「戦後保守主義の転換点としての１９７９〜80年——大平報告書・再読」

終章——書き下ろし

な・は行

ま　行

や・ら・わ行

事項索引

ま　行

や・ら行

さ 行

た 行

な 行

は 行

人名索引

あ 行

か 行

宇野重規

東京大学社会科学研究所教授。1967年東京都生まれ。東京大学法学部卒業、同大学大学院法学政治学研究科博士課程修了。博士（法学）。千葉大学法経学部助教授などを経て、2011年より現職。著書に『政治哲学へ』（東京大学出版会、渋沢・クローデル賞LVJ特別賞）、『トクヴィル 平等と不平等の理論家』（講談社選書メチエ、サントリー学芸賞）、『〈私〉時代のデモクラシー』（岩波新書）、『民主主義のつくり方』（筑摩選書）、『保守主義とは何か』（中公新書）、『民主主義とは何か』（講談社現代新書、石橋湛山賞）などがある。

日本《にほん》の保守《ほしゅ》とリベラル
思考《しこう》の座標軸《ざひょうじく》を立《た》て直《なお》す

〈中公選書 131〉

著　者　宇野《うの》 重規《しげき》

2023年 1 月10日　初版発行
2023年 4 月30日　 4 版発行

発行者　安 部 順 一

発行所　中央公論新社
〒100-8152　東京都千代田区大手町 1-7-1
電話　03-5299-1730（販売）
03-5299-1740（編集）
URL　https://www.chuko.co.jp/

DTP　平面惑星

印刷・製本　大日本印刷

Published by CHUOKORON-SHINSHA, INC.
Printed in Japan　ISBN978-4-12-110132-7 C1330
定価はカバーに表示してあります。

中公選書　好評既刊

104 天皇退位　何が論じられたのか
——おことばから大嘗祭まで
御厨　貴編著

二〇一六年七月のNHKスクープと翌月の天皇ビデオメッセージから三年。平成の天皇は退位し、上皇となった。この間に何が論じられたのか。残された課題は皇位継承だけではない。

105 〈嘘〉の政治史
——生真面目な社会の不真面目な政治
五百旗頭　薫著

政治に嘘がつきものなのはなぜか。絶対の権力というものがあるとすれば、嘘はいらない。世界中に嘘が横行する今、近現代日本の経験は嘘を減らし、嘘を生き延びるための教訓となる。

107 平成の経済政策はどう決められたか
——アベノミクスの源流をさぐる
土居丈朗著

21世紀最初の二〇年間の日本の経済政策は、財政健全化とデフレ脱却を追求し続けてきたといえる。経済政策の立案に加わった五人の経済学者との対談を通じて今後の課題をあぶり出す。

128 分断の克服　1989-1990
統一をめぐる西ドイツ外交の挑戦
板橋拓己著

「ベルリンの壁」は崩れた。だがソ連は統一に反対、英仏が大国ドイツ復活を警戒する中、新生ドイツと新しい国際秩序はいかに創られたか。最新史料を駆使し描く。大佛次郎論壇賞受賞作。